몸과 마음을
치유하는 공간

서 평

책을 읽어 보면서 '건축이란 무엇인가?'에 대한 생각을 다시 하게 되었습니다. 이 책은 인간과 건축, 자연과 인간, 터가 갖는 에너지, 공간과 영혼 등 건축가가 근본적으로 생각해야 할 본질적인 이야기들을 다루고 있습니다. 꼭 읽어 보아야 할 좋은 책이라고 생각합니다.

(건축가 우경국)

'건축이란 주변 존재들과의 관계 맺음을 통하여 좋은 흐름의 장을 만들어 주는 작업'이라는 문구가 가슴에 깊이 와닿습니다. 이 책은 저자의 건축, 종교, 삶의 철학을 담아내는 자서전과 같은 책입니다.

(건축가 안정웅)

주말에 금세 읽어 볼 요량으로 책을 펼쳤는데, 곧바로 그게 아니란 걸 알게 되었습니다. 생각하게 하는, 곱씹게 하는 문장들이어서 처음 생각과 달리 일주일 동안 읽었습니다. "만남을 부르는 건축"이라는 저자의 표현에서 중요한 영감을 얻습니다.

(건축가 박훈)

책을 통하여 저자의 삶의 깊이를 알게 되어 기쁜 마음으로 읽었습니다. 하나님 사랑을 공간에 담아내려는 저자의 노력에서 사랑의 실천이 느껴집니다. 이 책은 영과 혼을 살리는 건축을 다룬 감동스러운 책입니다.

(건축가 김지덕)

저자는 그의 영성 세계를 건축에 담으려고 노력했습니다.

(김찬주 목사)

인문학적 관점에서 들려주는 건축이야기가 하나님 사랑, 영혼까지 이어지는 깊이 있는 내용에 감사드립니다. 사물이란 인간의 지성이 만들어 내는 창조적 대상으로, 존재의 스토리를 새롭게 만들어 내는 것이 바로 창조라는 1장의 내용에 감명을 받았습니다.

(Jin 플로리스트)

The Best for a Better World

이 책은 건축을 인문학적인 관점에서 바라본 이야기입니다.

대부분 사람은 우리 시대를 '4차 산업시대', 'New Normal 시대', 'AI 인공지능의 시대' 등으로 부릅니다만, 저는 이 시대를 돌봄이 필요한, '영혼을 상실한 시대'라고 정의합니다. 우리 시대는 치유가 절실히 필요한 영혼이 신음하는 시대입니다. 따라서 건축을 돌봄의 시각에서 바라보고 '공간에 하나님 사랑을 어떻게 담을 수 있을까'라는 질문에 대한 작은 고민을 담은 책입니다.

저에게는 구약의 이스라엘 백성들이 애굽에서 고된 노동으로 인하여 탄식하는 것(출애굽기 2장 23절)과 영혼을 상실한 현대인의 탄식이 같은 상황으로 오버랩(overlap) 됩니다. 애굽에서의 고된 노동과 '피로사회'라는 우리 시대의 과잉활동은 같은 맥락이며, 성경에서의 애굽은 하나님을 떠난 세계를 의미하기 때문입니다. 즉 피로사회의 결과로 얻어진 우울증과 같은 현대인의 정신적인 어려움은 바로 우리 시대의 절규이고 하나님을 떠난, 영혼을 상실한 우리 인간의 깊은 근원적인 탄식으로 이해됩니다.

근대의 기반인 인간 이성은 보이지 않는 초월적인 세계에 대해 매우 인색합니다. 중세가 이성을 외면하여 암흑시대라고 불렸다면, 근대는 보이지 않는 초월적인 세계에 대해 눈을 감습니다. 그런데 인간 영혼은 이 초월적 근원성에 기반을 둡니다.

본문의 1장과 2장에서는 기본적으로 제가 건축을 바라보는 인문학적인 관점을 정리했습니다. 건축을 연구하고 설계하면서 나름대로 일관성 있고, 잃고 싶지 않은 기본적인 가치들입니다. 물론 이러한 가치는 건축가들마다 서로 다릅니다. 따라서 이러한 주장을 보편적인 가치라기 생각하기보다는 건축가 개개인이 갖는 일종의 철학이라고 이해하시면 됩니다.

1장은 사물의 존재론적인 관점에 관한 이야기입니다. 예를 들어 '나에게 집이란 무엇인가?'라는 질문에 직면하게 되면, 집을 그리던 손을 잠시 멈출 수밖에 없습니다. 집의 존재의미에 대한 생각을 우선 정리해야 그에 맞는 집을 그릴 수 있기 때문입니다. 즉 저에게 건축설계란 이렇게 사물의 존재 의미를 찾아가는 과정입니다.

2장은 동양의 흐름과 만남에 관한 내용입니다. 서구의 실체 개념이 사물 그 자체의 본성을 이해하려는 사유방식이라면, 동양의 기(氣) 개념은 상호 흐름을 갖는 하나의 장(場, field)으로 사유하는 방식입니다.

사물마다 각각 다른 독특한 에너지(기)를 갖고 있으며, 세계는 이 에너지들이 상호 영향을 주면서 공존하는 공명의 장을 형성합니다. 주변 존재들과의 관계적 흐름 관점에서 건축을 보면 건축은 object가 아닌 통합된 장의 세계가 됩니다.

아이러니하게도 이 둘은 서양과 동양을 대표하는 서로 매우 다른 관점입니다만 저는 이를 동시에 수용하려고 노력해 왔습니다.

3장은 돌봄의 건축에 대한 인문학적인 이야기입니다. 인류는 오래전부터 아픈 사람들의 질병 치유에 도움을 주는 공간에 대해 깊이 고민해 왔습니다. 그런데 질병의 원인을 정의하는 방식이 시대마다 달랐기 때문에 이에 대응하는 건축 공간도 다르게 제안됩니다. 저는 아픈 사람의 치료와 치유에 도움을 주는 이러한 공간들을 돌봄의 건축이라고 부릅니다. 여기서 돌봄이란 관심을 가지고 사람을 잘 보살피는 것을 의미합니다.

근대 이후 서양의학에서는 질병을 단순한 육체의 문제만으로 생각하고 몸의 이상을 치료하기 위한 컴팩트하고 기능적인 공장과 같은 병원을 건립합니다. 아픈 환자를 마치 공장과 같은 기계 시스템의 환경에서 치료한다는 발상을 보면 근대사상에는 분명 인간을 다소 잘못 해석한 부분이 있습니다. 따라서 이 시기에 지어진 병원들은 많은 비판을 받게 됩니다. 오늘날에는 질병의 원인이 단순히 육체의 문제뿐만 아니라 정신적이고 영적인 문제까지 확대 생각하여 돌봄의 공간 또한 새로운 숙제를 갖게 됩니다.

예로부터 인간은 끊임없이 초월적인 세계와 연결을 시도해 왔습니다. 이를 통해 죽음에 대한 불안과 절망, 그리고 이에 따른 본인의 비참한 모습을 벗어나려고 노력해왔습니다. 인간 중심의 근대 사상에서 우리가 잃어버린 것은 바로 영혼(spirit)입니다.

돌봄의 건축 역사 중에서 특별히 영혼 치유에 깊은 관심을 갖은 시대가 있었습니다. 기독교 세계관에 바탕을 둔 중세는 상처받은 영혼을 치유하기 위해 공간에 하나님 사랑을 담으려고 노력했던 시대였습니다. 고요한 중세의 치유공간은 인간 영혼을 초월적인 세계로 연결해 줍니다.

어느 목사님께서 치매시설을 건축하면서 '어떻게 건물을 지으면 노인들을 기쁘시게 할 수 있을까'라는 고민을 가지고 기도했다고 합니다. 그에게 건물을 짓는 가장 중요한 이유는 바로 노인들을 기쁘시게 하는 집을 만드는 것이었습니다. 목사님은 어느 날 치매 노인들과 공원으로 나들이를 가서 노인들이 꽃이 있는 정원에서 무척 행복해하는 것을 우연히 보고 여기서 아이디어를 얻어 치매시설 내부를 마치 공원과 같이 설계하였습니다.

그의 질문은 "이웃을 내 몸과 같이 사랑하라"는 말씀에 의거한 참 거룩한 질문이라고 생각합니다. 어쩌면 우리는 기능적으로 편안한 건물을 먼저 생각할 수도 있습니다. 그러나 기능보다 더 중요한 것은 이 건물이 근본적으로 왜 존재해야 하는지 그 실체에 관해 묻는 것입니다.

그는 건축의 출발을 집의 존재의미 '집이란 노인을 기쁘시게 하는 곳'으로부터 시작하였습니다. 그리고 하늘, 빛, 식물이라는 자연의 좋은 에너지를 공간에 담아 집을 지었습니다. 흐름의 장을 만든 것입니다. 비록 건축가의 시각에서 보면 다소 투박해 보일 수도 있겠지만 저는 이 집이 돌봄의 공간을 잘 표현했다고 생각합니다. 그래서 하나님 사랑을 공간에 담는 것과 이웃 사랑을 공간에 담는 것이 가능하다고 생각하여 이 책을 집필하게 되었습니다. 이것이 4장과 5장의 주된 내용입니다.

4장과 5장은 다소 주관적인 관점에서 쓴 글들입니다. 좀 서툴지만 기독교인의 관점에서 학문을 하는 이유가 남들과 같은 방식으로 하기보다는 "여호와를 경외하는 것이 지식의 근본이요 거룩한 자를 아는 것이 명철이니라"라는 잠언 9장 10절 말씀과 같이 '성경의 관점에서 이론을 제안할 수 있지 않을까'하는 막연한 생각에서 시작했습니다. '세상을 성경의 시각에서 보면 연구와 설계도 뭔가 다르게 해야 할 것이 아닌가'하는 내적인 질문에서 출발한 것입니다. 또한, 교회와 직업을 이분화시키는 것이 아니라 같은 신앙체계에서 보지 않으면 항상 이중적인 세계에 살아야 한다는 부담도 있어 학문과 신앙을 통일하려는 노력이라고 이해하시면 됩니다.

저는 제가 근무하는 대학의 건학이념을 참 좋아합니다. 사랑의 실천, 더 좋은 세상을 위한 최선(The Best for a Better World)입니다. 건축가가 하는 일은 결국 더 좋은 세상을 만들어 주는 것입니다. 흔히들 말하는 "공부해서 남 주냐"라는 말보다는, "공부해서 더 좋은 세상을 만들자"(즉, 공부해서 남 주자)는 말이 저에게는 더 와 닿습니다. 더 좋은 세상을 만드는 것이 이웃을 섬기는 일이기 때문입니다. 그래서 건축가라는 직업은 남을 섬기는 큰 축복의 통로라고 생각합니다. 그런데 더 좋은 세상이란, 문명의 기술적 발전을 의미하지는 않습니다. 이에 대한 답변은 인문학적인 고민과 신앙이 전제된 영감이 필요한 부분입니다.

이 얇은 책이 자신의 전공과 직업을 통해 이웃을 섬기고자 하는 분들에게 작으나마 그런 영감을 줄 수 있기를 소망해 봅니다.

Peter Yang

병원 전문 건축가가 들려주는
치유와 회복의 이야기
몸과 마음을
치유하는 공간

contents

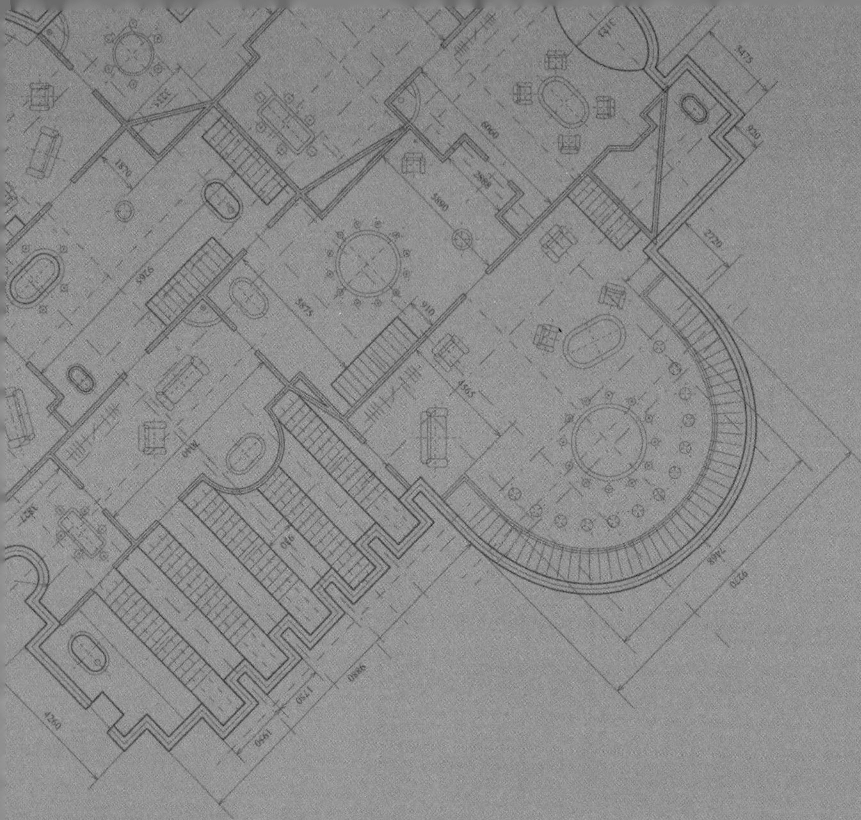

chapter 01

존재와 형태

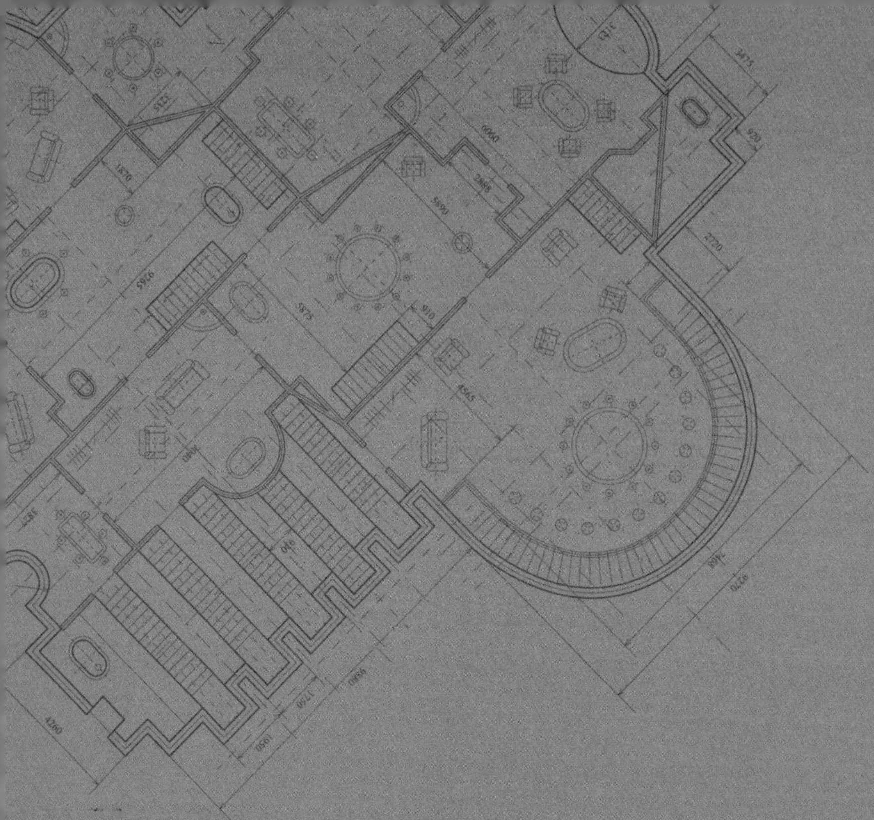

독일 건축가 한스 샤로운(Hans Schroun)은 베를린 필하모니 건물을 설계하면서 '음악당이란 무엇인가'라는 그 존재에 대해 근본적인 질문을 던졌습니다. 샤로운은 음악당이란 인간의 신체기관인 귀를 연장한 것이라고 정의합니다. 우리가 귀에다 손을 대면 소리를 더 잘 들을 수 있는 것처럼 청객들에게 큰 귀를 건물로 만들어 준다는 생각입니다. 그 결과 필하모니 건물의 내부 모습은 마치 인간의 귀와 같은 형태로 만들어졌습니다. 비록 내부형태가 좀 불규칙하여 생소하게 보일지 모르겠지만 이 건물은 모든 청객들에게 평등하게 음악을 전달해 준다는 내적 논리를 가진 큰 귀를 제공해 줍니다.

건축가들에게 '집이란 무엇인가?', '학교란 무엇인가?', '도서관이란 무엇인가?'라고 질문을 던지고 이에 맞는 형태를 찾아가는 접근방식은 다소 생소할 수 있습니다. 그러나 건물을 설계하다 보면 건축가는 설계하려는 사물의 존재 의미와 바로 직면하게 됩니다.

베를린 필하모니 외관

샤로운은 독일 베를린 필하모니 건물을 설계하면서 '음악당이란 무엇인가'라는 그 존재의미에 대해 근본적인 질문을 던졌습니다. (사진 최승민)

베를린 필하모니 내부

베를린 필하모니 건물의 내부 모습은 마치 인간의 귀와 같은 형태로 만들어졌습니다. 비록 내부형태가 좀 불규칙하여 생소하게 보일지 모르겠지만 이 건물은 모든 청객에게 평등하게 음악을 전달해 주는 큰 귀를 제공해 줍니다. (사진 _ 홍남명)

집에 대한 근본적인 의미를 고민하지 않고 집을 설계한다는 것은 마치 그것이 왜 존재해야 하는지에 대한 고민도 없이 외형만을 포장하는 행위가 아닐까요?

스티브 잡스에 따르면 '집이란 무엇인가'라는 질문은 집의 핵심적 영혼 즉 사물의 본질에 해당됩니다. 그에게 디자인이란 사물에 영혼을 만들어 주는 작업입니다.

"대부분 사람에게 디자인이란 겉치장이고 인테리어는 장식이다.
하지만 나에게 디자인이란 그들과 거리가 멀다. 디자인은 인간이 만든
창조물의 핵심적 영혼(fundamental soul)이다."

- 스티브 잡스 -

나카무라 요시후미는 멕시코의 루이스 바라간의 집을 견학하고 다음과 같이 기록하였습니다.

"루이스 바라간의 집에는 근대건축이 소중하게 다루는 진미다운
진미가 전혀 담겨 있지 않았습니다. 그럼에도 견학을 마친 후 포만감을
느낄 수 있었던 이유는 루이스 바라간의 집에는 집이라는 것의
근원적인 모습과 집의 정수, 즉 집이 품어야 마땅한 정신이 제대로

담겨 있었기 때문입니다."

'집이라는 것의 근원적인 모습, 집의 정수'와 같이 사물의 핵심적인 영혼을 끄집어내어 정리하는 것은 결코 쉽지 않은 일입니다. 하지만 창조의 감동은 이런 핵심적 영혼, 즉 존재의 스토리로부터 나오지 않을까요?

사진가 조세현은 피사체의 정체성을 찾아내는 것이 사진작가의 가장 중요한 소임이라고 주장합니다. 그리고 피사체가 사람일 경우 그 정체성이 눈과 주름에 주로 있다고 합니다.

최진기는 조선의 초상화에 젊은 사람이 없는 이유는 내면이 없기 때문이라고 합니다. 초상화는 개인의 본질적인 모습, 내면을 발견하는 작업이기 때문에 젊은 사람들에게는 외형에 그것이 잘 나타나지 않기 때문으로 이해할 수 있습니다. 집 또한 존재의 스토리를 갖습니다. 집에 누가 사는지에 따라 그 정체성이 집에 고스란히 드러나기 때문입니다.

존재에 대한 질문과 이에 맞는 형태를 찾아가는 설계 방법은 이미 건축사에서 한스 샤로운이나 휴고 해링 등의 건축가들이 추구했던 방법입니다. 그들의 공통적인 특징은 건축설계란 존재에 적합한 형태를 찾아가는 여정의 길이고, 그 결과 최종적인 외부형태는 가장 나중에 결정되어 진다는 것입니다. 그들에게 형태란 존재(본질)를 찾는 과정에 얻어지는 산물이기 때문입니다.

'나에게 창문이란 무엇인가?'라는 질문에 직면하게 되면, 창문을 그리던 손을 잠시 멈출 수밖에 없습니다. 창문의 의미에 대한 생각이 우선 정리되어야 그에 맞는 창문 형태를 그릴 수 있기 때문입니다. 저에게 건축설계란 이렇게 사물의 존재 스토리를 찾아가는 과정입니다. 즉 사물에 영혼을 만들어 주는 작업입니다. 그것이 저에게는 또 다른 의미의 진정한 창조입니다.

창세기 1장에 하나님께서 인간을 창조하시는 장면이 나옵니다.

"하나님이 이르시되 우리의 형상(our image)을 따라 우리의 모양(our likeness)대로 우리가 사람을 만들고... 하나님이 자기 형상 곧 하나님의 형상대로 사람을 창조하시되 남자와 여자를 창조하시고..." (창세기 1장 26절, 27절).

여기서 중요한 것은 하나님께서 인간을 창조하시기 전에 인간 존재에 대한 정의(하나님의 형상과 같은 존재)를 먼저 부여하고 그다음 단계로 이 정의에 따라 인간을 창조하셨다는 것입니다. 창조의 순서는 존재의 본질 규명, 그리고 이에 맞는 형태를 만드는 과정이었습니다.

‘집이란 무엇인가’는 집의 본질(존재 스토리)에 관한 질문입니다. 저는 건축을 우선적으로 존재와 형태의 관계로 이해하는 사람입니다. 병원건축을 전공하면서 병원건축의 존재(본질)를 먼저 생각하고 이에 맞는 형태를 찾아가는 건축가입니다. 저의 첫 번째 책 제목이 ‘병원건축 - 그 아름다운 당연성’인 이유는 존재와 일치하는 형태의 병원이 스스로 그러한(self so) 아름다운 당연성을 갖는다고 생각했기 때문입니다.

여기서 말하는 본질이란 기능과는 전혀 다른 의미입니다. 집의 기능을 거실(living room), 침실(sleeping room), 부엌(kitchen) 등으로 표현한다면 집의 정신이나 본질은 예를 들면 집이란 ’이웃과 함께 사는 곳’, ‘나와 대면하는 곳’, ‘몸과 마음을 치유하는 장소’ 등으로 표현할 수 있겠습니다.

동양에서는 자연을 ‘스스로 그러하다’(self so)라고 정의합니다. 자연에서는 존재의 본질과 형태를 떼어놓고 생각할 수 없기 때문에 형태는 스스로 그러한 당연성(self evidence)을 갖습니다. 이는 내면과 외형이 서로 뗄 수 없는 관계를 갖는다는 의미입니다. 예를 들어 동양의 화가들이 인물화를 그릴 경우 외부 모습보다는 내면의 모습, 즉 그 사람의 얼을 더 중요하게 생각한 것과 같이 건축에서 내면의 얼, 즉 존재의 의미를 추구하는 방식입니다.

동물의 태아가 모태에서 만들어지는 과정을 보면 처음에는 다른 동물과 비슷한 형태로 보이지만 점점 자라 가면서 그 종의 독특한 형체로 변해갑니다. 유전자로 인해 내면에서부터 형태가 만들어지듯이, 건축물 역시 존재의지라는 유전자를 통해서 형태가 스스로 자라납니다. 이러한 상태를 'self so'라고 부르고 이를 저는 특별히 형태를 '찾아가는 건축'(Form-Finding)이라고 부릅니다. 건축가가 형태를 부여하는 'Form-Giving'의 과정과는 다르게 존재의 본성에 맞는 형태를 찾아가기 때문입니다.

집의 본질에 대해 법정 스님이 언급한 내용을 예를 들어 보겠습니다.

"밤으로는 등잔불을 켜고 이렇게 벽에 기대앉아 등잔을 바라보고
있으면 '아, 이런 공간이 나한테 주어졌다는 것이 얼마나 고마운가'
라는 생각이 든다...
벽에는 아무것도 걸거나 치장하지 않고 텅 빈 벽으로 무한한
정신공간을 삼을 것이다."

법정 스님에게 집이란 기능적 효율성의 문제가 아니라 텅 빈 공간에 앉아서 조용히 자신의 내면의 흐름을 지켜보고, 고요히 사물의 실

상을 바라보는 곳입니다.

개, 고양이, 사슴 등 자연 속 동물들을 보면 외형에 존재의 정체성이 표현되어 있습니다. 이처럼 건축에도 그 본질, 정체성이 형태에 잘 나타나야 한다고 저는 생각합니다. 예를 들어 집의 본질을 '이웃과 함께 사는 곳'으로 정의하는 건축가라면 기능뿐만 아니라 이웃과의 관계 맺음에 대하여 많은 고민을 해야 합니다. 그 결과 집을 단순히 '쉘터'(shelter)라고 정의하고 고민하는 건축가와는 전혀 다른 결과를 만들어 낼 것입니다.

미국 건축가 루이스 칸은 국회의사당 계획에서 국회의사당의 존재의미에 대해 고민하였고 이를 원(圓)의 형태라고 정의하였습니다. 국회의사당이란 국민이 뽑은 대표들이 서로 둘러앉아 마주 보면서 토론하는 장소라는 의미에서 서로 마주 앉는 원의 형태가 국회의사당이 되고 싶어 하는 존재의지라고 생각했던 것입니다. 루이스 칸은 사물이 되고 싶은 것, 즉 존재성에 대해 깊이 고민한 건축가로, 그는 이를 사물의 존재의지(existence-will)라고 불렀습니다. 루이스 칸은 '복도가 되고 싶은 존재의지, 벽돌이 되고 싶은 존재의지, 광장이란? 방이란?' 등 존재의 스토리에 깊은 관심을 갖은 건축가였습니다.

독일 건축가 권터 베니쉬는 독일 본(Bonn)의 국회의사당을 설계하면서, "사물이 되고 싶어 하는 것 그대로 되게 하라"(Die Dinge werden lassen, wie sie wollen)라는 그의 철학에 따라 형태를 찾았습니다. 국회의사당이란 국민이 뽑은 대표들이 서로 마주 앉아서 국가의 주요 문제를 논의하는 곳입니다. 따라서 국회의원이 서로 바라보며 마주 앉는 원의 형태가 국회의사당이 원하는 존재의지라고 그는 생각했습니다.

"나는 사물을 사람처럼 생각해요.

사물에 개성이 깃들어 있다고 생각하고

사물을 개체로 보고 싶어 하죠."

- 귄터 베니쉬 -

그런데 우리나라 국회의사당은 재미있게도 반원으로 만들어져 있습니다.

이는 개념적으로 독일의 국회의사당과는 큰 차이가 있습니다. 왜냐하면, 우리나라 국회의사당의 경우 국회의원들은 서로 마주 앉는 것이 아니라 반원의 중심에 있는 국회의장을 바라보도록 설계되어 있기 때문입니다. 왜 우리나라 건축가는 국회의사당을 반원으로 만들었을까? 그 이유는 무엇일까요? 궁금하지 않은가요? 여러분에게는 두 개의 국회의사당 중에 어느 쪽이 더 평등해 보이고, 어느 쪽이 더 권력 중심적으로 보이는지요?

베니쉬는 건물을 설계할 때 가장 중요하고 본질적인 사물의 존재성에 대한 질문 없이 형태를 먼저 그리는 것을 소위 품위 없는 행위라고 비난합니다.

원(圓) 모양의
독일 Bonn 국회의사당
(그림 배수현)

반원 모양의
대한민국 국회의사당
(그림 배수현)

건축가는 사물이 무엇인지에 대해 고민하는 사람들입니다. 이러한 고민은 건축가뿐 아니라 많은 예술가가 공통으로 대면하는 문제이기도 합니다.

한 예로 김성민은 사진가를 사물에 의미를 부여하는 사람으로 규정합니다.

"사진가는 사물에 의미를 부여하는 사람이다...
사진가는 평범함 속에서 비범함을 드러낼 줄 알아야 하고...
좋은 사진의 조건은... 사물 너머의 무엇인가를 표현하는 것이다.
좋은 사진은 독자를 멈춰 서서 바라보고, 생각하게 한다.
즉 최고의 사진은 감정적인 반응을 불러 일으켜야 한다..."

- 김성민, 누구나 쉽게 이해하는 사진 강의 노트 -

저는 이를 사물성이라고 부릅니다. 사물성이란 사물이 갖는 영혼(Soul)을 가장 잘 표현해 주었을 때 그 형태에서 느끼는 사물에 대한 감정으로 집약됩니다. 이 사물성은 기능과 다릅니다. 기능에는 사물의 영혼이 느껴지지 않기 때문입니다. 사물성은 존재의 story이며 사물에 대한 감정입니다. 그래서 사물성은 인간에게 말을 건넵니다. 결국, 건축은 건축물에 영혼(Soul, 얼)을 만들어 주는 과정입니다.

집이 뭐라고 생각하세요?

한때 국내 어느 건설회사가 "집이 뭐라고 생각하세요?"라는 질문을 광고 카피로 사용한 적이 있었습니다. 저 역시 집을 지을 때 이 질문에 대해 가장 먼저 고민해야 한다고 생각합니다.

영어의 'House'는 원래 숨는 곳을 의미하는 고대어 'hus'라는 단어에서 유래되었다고 합니다. 고대 사람들은 '집은 숨는 곳'으로 인식했던 모양입니다. 광고를 만든 건설회사의 이 질문에 대한 답은 제 기억으로는 '쉬는 곳'이라고 알고 있습니다. 숨는 곳과 쉬는 곳은 본질적으로 다른 존재 이야기입니다.

법정 스님은 집을 근본적으로 잠시 빌려 살다가 떠나는 곳으로 정의합니다. 수도자가 사는 집은 흙과 나무로만 되어야 한다는 성 프란치스코의 생각을 그는 근본적으로 받아들입니다. 그에게 집이란 뒷날 이 집에서 살게 될 누군가를 위해서 장작을 미리 준비해 놓는 곳이고, 따스한 햇살과 바람 소리와 같은 자연을 경험하는 장소입니다. 신발을 벗어 놓는 곳은 멈춰서 자기가 현재 서 있는 자리를 의식하는 귀중한 사색의 공간이 됩니다.

"창호로 스며드는 햇살이 포근하다.
이따금 바람에 파초 잎 서걱거리는 소리가....
신발을 바르게 벗는 것은 현재 자기가 서 있는 자리를
되돌아보는 일과 같다...
장작을 준비하는 것은 나 자신이 쓰기 위해서가 아니라
뒷날 이 집에서 살 누군가를 위해서다."

- 법정, 산에서 꽃이 피네 -

독일 근대 건축가 한네스 마이어는 세상을 개혁하려는 관점에서 다소 과격하긴 하지만 집을 다음과 같이 정의했습니다.

"자본주의 사회에서 재생산의 기존단위인 가족을
전면적으로 해체하고,
집을 직육면체 캡슐과 같은 형태로 축소해 버린다.
그들에게 필요한 것은 유목민들의 공간이며,

가족의 안식처로서의 집이 아니라 하루하루 잠을 청하는데

필요한 최소한의 공간일 뿐이다."

- 박해천, 12줄의 20세기 디자인 사 -

오늘날 고시방이나 쪽방과 같이 잠을 청하는 데 필요한 최소한의 공간으로서의 집이 이미 우리 주변에 정착해 있는 것을 보면 마이어의 이런 주장은 그리 극단적인 이야기만은 아닌 것 같습니다.

프랑스 건축가 살로몽은 집의 의미를 다른 각도에서 접근합니다.

"나는 집을 설계하면서 집보다 마을의 특성을 연구한다.

한 마디로 '함께 사는 집'을 만들기 위해 노력한다.

또 내 집은 '당신 집의 경관'이라는 생각에서 집이

하나의 경치가 되도록 신경을 쓴다."

- 살로몽, 프랑스 건축가 협회장, 중앙일보 기사 -

이웃과 함께 사는 집을 만들기 위해 마을의 특성을 연구하고, 내 집이 이웃집의 경관이 되기 때문에 나만의 가치를 추구하는 것이 아니라 이웃에 대한 배려가 필요하다는 생각입니다. "네 이웃을 내 몸

과 같이 사랑하라"는 성경말씀이 아주 먼 곳에 있는 것이 아니라는 생각이 듭니다.

집이 단순히 이웃집의 경관이 되어야 한다는 것을 넘어서 집은 마땅히 주변 환경과 하나가 되고 따로 뗄 수 없는 것이 되어야 한다는 주장도 있습니다(헬렌 니어링, 스콧 니어링, 조화로운 삶). 이웃과의 문제가 아니라 주변 자연, 경관과의 조화입니다.

"집은... 자연의 일부로 자라난 것처럼 보여야 하고
둘레 환경과 어울리는 모습을 가져야 한다."

- 프랭크 로이드 라이트 -

"오래된 시골집은 자기를 내세우지 않는다.
시골집은 둘레 환경을 지배하지 않으며 그 일부가 되는 것에 만족한다."

- Stewart Dick, 잉글랜드의 시골집 -

우리에게 잘 알려진 일본의 건축가 안도 다다오는 집(공동주택)을 이웃과 함께 사는 풍요를 경험하는 곳으로 정의합니다. 집이란 이웃과 내가 함께 사는 관계 방식을 제공하는 곳으로, 이웃과 풍요로운 사회

구조를 제공해 줄 때 비로소 이를 집이라고 할 수 있다는 것입니다.

백성호는 '어떤 집을 지을 것인가?' 하는 물음은 어떤 삶을 살 것인가와 맥이 통하며, 따라서 집은 먼저 삶의 문제로부터 시작해야 한다고 합니다. 집이란 자기 삶의 방식을 결정하는 장소로 삶의 문제를 진지하게 고민하고 이를 가능하게 하는 환경으로 집을 지어야 한다는 것입니다(행복은 비유비무, 흐르는 데로 흘러라, 백성호, 인문학에 묻다, 행복은 어디에 중에서).

노베르그 슐츠에게도 집은 자신의 실존을 만들어 가는 장소였습니다. 건축은 불변하는 경계를 고착시키는 게 아니라 거주자의 열망에 부응하는 장소이자 그의 육체 및 꿈이 하나가 되는 장소 즉 존재의 열림을 도와주는 장소의 예술입니다(티에리 파코, 지붕 우주의 문턱).

집은 은신처 이상으로 종교적인 의미와 세계관적인 의미까지를 내포해야 한다는 주장도 있습니다. 예를 들어 강영환은 우리 한옥이 신전이었다고 주장합니다.

"건물과 마당은 각기 땅과 하늘의 기운을 받는 장소이다. 하늘과 땅의 교접에 의해서 성주(가족과 가문)가 태어난다. 성주신은 가족과 가문을 지키는 신격체이다. 집은 가택신들의 거처로서 신전의 의미를 갖는다. 이런 의미에서 집은 축소된 우주의 모형이다. 집이란 그들이 살고 싶어 하는 이상적인 세계의 모형이었다."

이쯤에서 정리해 본다면 집이라는 단어를 정의하는 것이 얼마나 다양한지를 알 수 있습니다. 집을 어떻게 정의하는지에 따라 설계의 기본 방향이 달라지고 그 형태나 공간도 결을 달리합니다. 집을 짓는다는 것은 자신의 정체성을 구축하는 일이고, 인문학적인 고민으로부터 얻어지는 정신적 결과임을 알 수 있습니다. 오늘날 집의 본질에 관한 고민 없는 똑같은 형태의 영혼 없는 집들이 우리 주변에 무성하게 지어지고 있습니다. 그래서 건축은 점점 문화적 관심 밖의 이야기가 되고 투자의 대상으로 전락한 것이 아닐까요.

집을 존재 이야기라는 접근 방식으로 설계한다면 집들은 아마도 자기만의 고유한 스토리를 갖게 될 것입니다. 이 집은 이런 의미로 지었고... 저 집을 지은 건축가의 의도는 무엇이고.... 집을 통해 아주 재미있는 인문학적인 스토리와 함께 건축가의 창의성이 우리에게 풍요롭게 전달될 것입니다.

집을 설계하기 전에 곰곰이 생각해 봅니다. 나에게 정말 집이란 무엇일까?

이 질문에 가장 먼저의 출발은 우리가 평상시 익숙하게 사용하는 거실(living room), 침실(sleeping room), 식당(dining room)이라는 기능적인 단어에서 벗어나는 것입니다. 이러한 단어들은 우리를 획일적인 고정관념 속에 묶어 놓기 때문입니다. 기능주의는 어쩌면 인간의 개인적인 삶의 자유를 집단적으로 응고시키는 역할을 합니다.

존재의 Story를 만들다

루이스 칸은 창문을 조망을 얻는 창과 환기를 위한 창으로 구분하여 설계하였습니다. 영어의 window는 wind(바람)와 eye(눈)를 합성한 단어라고 합니다. 즉 창문은 바람이 들어오는 역할과 조망을 위한 역할을 한다는 뜻을 갖고 있습니다. 루이스 칸은 이 두 개의 본질이 서로 다르기 때문에 이를 각각의 특성에 맞게 분리하여 본성에 적합한 형태를 따로 부여하였습니다.

나는 '창문이란 무엇인가?'라는 질문에 직면하게 되면, 창문을 그리던 손을 잠시 멈출 수밖에 없습니다. 창문에 대한 생각이 우선 정리되어야 그에 맞는 창문 형태를 그릴 수 있기 때문입니다. 그림에는 채광을 위한 창문(위)과 조망을 위한 창문(아래)이 서로 다르게 설계되어 있습니다.

채광을 위한 창문(위)과 조망을위한 창문(아래)
(Caspar David Friedrich의 그림)

하나님을 만나는 창문

르꼬르뷔제는 창문을 마치 그림을 걸어 놓은 것과 같은 액자형태로 설계하였습니다. 창문이 조망을 위한 액자의 역할을 합니다.

한편 롱샹 성당에서는 창문은 조망도, 환기도 아닌 분위기를 연출하는 수단으로 신을 만나는 장소의 신성함을 만들어 줍니다. 창문을 통해 들어오는 빛이 실내의 분위기를 압도합니다.

평온과 침묵 그리고 이를 통해 빛이신 하나님과 대면하는 장소를 다름 아닌 창문이 만들어 줍니다. 체코에는 “우리는 창문으로 사랑스런 신과 조우한다”는 속담이 있다고 합니다(양정무).

나카무라 요시후미는 창문의 존재 의미를 다음과 같이 설명합니다.

> “방으로 내리쬐는 햇살, 고요히 감도는 평온... 창문은 실내 분위기를
> 결정하는 중요한 요소이다. 따스하고 평온한 기운을 주는 요소...
> 창은 자연광을 실내에 맞아들이는 숭고한 역할을 담당하고 있다.”
>
> **- 요시후미 -**

바람과 조망뿐 아니라 창문은 따스하고 평온한 자연광을 실내로 맞아들이는 역할을 가지고 있다는 것입니다.

평온한 자연광을 맞아들이는 창문
(Johannes Vermeer)

여러분 혹시 창문 앞에 꽃 화분이 놓인 유럽의 아름다운 창문을 보신 적이 있으신지요? 이에 대해 어떤 이는 창문의 존재를 다음과 같이 정의합니다.

"창문은 소통이다. 집주인의 성품을 드러내고,
지나가는 사람들을 초청한다.
인간과 자연의 공존도 소망한다…"

오스트리아 화가인 훈더르트바써(Hundertwasser)는 창문이란 바로 입주자 자신을 표현하는 곳으로 입주자가 창문 밖으로 손을 내밀어 손이 닿는 곳까지 자신을 표현하는 장소라고 생각했습니다. 여기에 누가 살고 있는지를 표현하는 장소라는 것입니다. 이를 그는 창문 권(權)이라고 불렀습니다.

"에드워드 호퍼의 그림을 보면 한 여인이 방안에 앉아 창밖을 내다 본다… 나는 작업할 때마다 이렇게 질문한다. 나는 나 자신과 건물을 사용하는 사람들이 실내에서 무엇을 보기를 바라는가? 내가 공개적으로 전하고 싶은 메시지가 있는가?"

- 페터 줌토르 -

"창문을 설계할 때는 여자 친구가 밖을 내다보며

앉아 있는 모습을 상상해 보라."

- 알바 알토 -

이렇게 창문에는 다양한 존재의 스토리, 즉 영혼(Soul)을 담을 수 있습니다. 사물의 영혼이 다르다는 것은 사물이 되고 싶은 형태가 다르다는 것을 의미합니다. 저는 이것을 앞에서 한 사물이 갖는 사물성이라고 정의했습니다. 사물성이란, 한 사물의 영혼이 되고 싶어 하는 모습(형태)을 가장 잘 표현해 주었을 때 그 형태에서 느끼는 사물에 대한 감정으로 집약됩니다. 이 사물성은 기능성과는 전혀 의미가 다릅니다. 작동이나 실용성을 의미하는 기능에는 사물의 영혼이 느껴지지 않기 때문입니다. 사물의 영혼은 형이상학적 실체 개념으로 본질을 표현하는 정신적인 힘을 내포합니다.

그런데 '이러한 창문이 갖는 다양한 영혼이란 창문 안에 원래부터 내재하고 있는 실체인가? 아니면 인간이 만들어 낸 주장일까? 이러한 영혼은 사람이 발견해 내는 것일까? 아니면 누군가에 의해서 만들어지는 것일까? 사물성이란 사람이 발견해 내는 것일까? 아니면 사람에 의해서 지어지고 만들어지는 것일까?'라는 질문을 갖게 됩니다. 더 넓게 말하면 '우리가 생각하는 보편이란 또는 상식이란 주어진 것인가? 아니면 만들어 내는 것인가?'라는 더 큰 담론과 만나게 됩니다.

저는 사물성이란 주어진 것이 아니라 인간의 지성이 만들어 내는 창조적 대상이라고 생각합니다. 존재의 스토리를 새롭게 만들어 내는 것이 바로 창조입니다. 그러나 사물이 갖는 내적 존재의미는 시대마다, 지역마다 다를 수 있습니다. 따라서 건축가는 각 시대에 이것을 밝히는 중개자의 역할을 해야 하는 의무를 갖습니다.

여러분께 다소 생소하겠지만 제가 병원건축가이기 때문에 병원건축의 예를 들어보겠습니다. 그림은 독일의 건축가 로스(Roth)가 설계한 병원의 평면입니다.

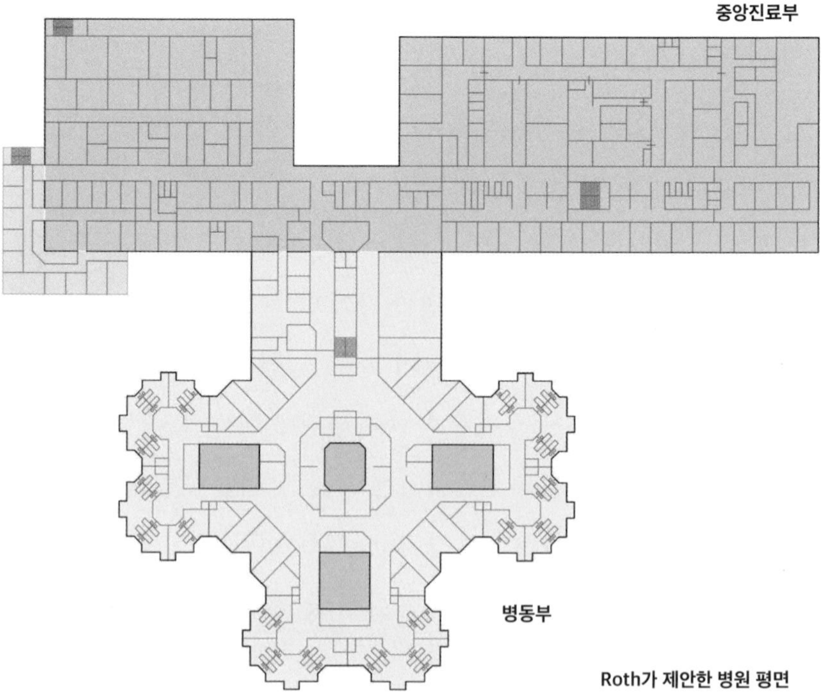

Roth가 제안한 병원 평면

건축가는 병동부와 중앙진료부의 형태를 극단적으로 대비하여 설계하였습니다. 루이스 칸이 언급했듯이 병동부와 중앙진료부는 그 염원, 즉 존재의지가 서로 다르므로 그 결과로 얻어진 형태에도 분명 차이가 있어야 합니다.

병동부가 환자가 직접 생활하는 장소라면 중앙진료부는 환자를 진단하고 치료하는 곳이므로 그 성격이 매우 다릅니다. 병동부는 환자 치유를 위해 자연을 도입하는 등 거주에 알맞은 형태를 취하는 반면 중앙진료부는 장방형의 단순한 형태를 취하고 있는데 이는 중앙진료부의 성격상 요구되는 기능 변화에 쉽게 대응하기 위함입니다. 특별한 형태에 중앙진료부를 배치하는 것은 그 성격상 매우 불리하기 때문입니다.

이와 같이 부분들의 존재성을 존중해준다는 생각에 따라 저는 광주보훈병원을 설계할 때 병동부, 외래진료부, 중앙진료부를 각각 차별화하여 설계하였습니다.(다음 페이지 모델 사진)

병원을 구성하는 각 부분이 갖는 존재론적인 의미 또는 존재의지, 즉 염원이 서로 다르기 때문입니다. 병원이 궁극적으로 되고 싶어 하는 형태가 무엇인가와 성격과 염원이 서로 다른 부분들의 의미를 어떻게 해석하고 그에 적절한 형태를 차별화하는가에 대한 고민이었습니다.

광주보훈병원

부분들의 존재성을 존중해준다는 생각에 따라 저는 광주보훈병원을 설계할 때 병동부, 외래진료부, 중앙진료부를 각각 차별화하여 설계하였습니다. 병원을 구성하는 각 부분의 존재의미, 즉 염원이 서로 다르기 때문입니다(사진 무영건축 제공).

그러나 병원을 짓고 나서 시간의 흐름에 따라 병원이 점차 변해가는 모습을 지켜보면서 저는 생각을 바꾸었습니다. 병원건축이 시간 흐름에 따라 점점 변해간다는 것입니다. 그 변화의 과정을 지켜보면서 병원건축이 되고 싶어 하는 것이 병원을 구성하는 각 부분의 차별화가 아니라 변화에 쉽게 대응하는 융통성이라는 사실을 발견합니다. 그래서 병원건축을 바라보는 시각이 바뀌게 됩니다. 그럼에도 불구하고 변하지 않는 것은 사물이 되고 싶어 하는 본질에 집중하는 사고방식입니다. 존재의 스토리는 바뀌었지만 이를 찾고 만들어 가는 설계 과정에는 변함이 없습니다.

이런 사고방식은 집이나 병원 등에만 적용되는 것이 아니라 건축을 구성하는 모든 것에 적용할 수 있습니다. 벽이란 무엇인가? 바닥이란 무엇인가? 기둥이란 무엇인가? 지붕이란 무엇인가? 정문이란 무엇인가? 이러한 생각을 공유하는 건축가들은 비록 표현하는 건축 언어는 다르지만, 방법론은 서로 일치합니다.

정문의 예를 들어보겠습니다.

한양대학교 ERICA 캠퍼스에 정문설계를 맡은 건축가 우경국은 정문의 존재 스토리를 묻는 것부터 시작합니다. '정문이란 무엇일까?' 우리나라 대학교 정문의 모든 형태가 서로 다르지만 담겨 있는 기본적인 의미는 대학과 사회를 경계 짓는 역할을 한다고 그는 규정합니다. 'Gate is only Entrance?' 근본을 묻는 인문학적인 질문은 언제나 우리를 고정관념이라는 깊은 잠에서 깨어나게 합니다. 그는 정문을 오히려 도시와 학교가 만나는 공간으로 해석합니다. 대학의 입구 광장은 도시로 연장되고 대학이 갖는 문화를 사회와 소통할 수 있는 공간으로 규정합니다. 대학과 사회가 소통하는 장소가 정문이고

이를 그는 아고라(Agora)라고 명명하였습니다.

창조를 조형으로부터 시작한 것이 아니라 존재의 스토리로부터 시작하고 존재에 맞는 형태를 찾아갑니다. 이것을 저는 또 다른 의미의 창조라고 부릅니다.

여기서 잠깐 고정관념이라는 깊은 잠에 대해서 생각해 보겠습니다. 제가 어렸을 때 읽은 잠자는 숲속의 공주라는 동화가 있습니다. 저주를 받아 잠을 자는 공주를 100년 후 왕자가 깨우는 장면이 나옵니다. 개인적으로 이 동화는 참 이해하기 어려운 판타지 같은 내용이었습니다. 그런데 나이가 들면서 '저주를 받아 잠자는 숲속의 공주가 혹시 내 모습이 아닌가'라는 생각을 하게 됩니다. 기존이 정답이라는 깊은 잠, 고정관념이라는 깊은 잠에서 깨어 나오지 못하는 모습 말입니다. 그때 누군가가 잠자는 저를 깨웁니다. 마치 왕자와 같이 새로운 시각, 새로운 사고방식으로 나를 깨워서 익숙한 현실을 낯설게 만듭니다. 한 예로 고대의 철학자 소크라테스는 끊임없는 질문을 통해

한양대학교 ERICA 정문

건축가 우경국은 정문을 도시와 학교가 만나는 공간으로 해석하였습니다. 대학의 입구 광장은 도시로 연장되어 대학 문화를 사회와 소통할 수 있는 아고라(Agora)가 됩니다(사진 한양대 제공).

서 당대 사람들을 익숙한 생각에서 끌어 내고자 한 소위 잠을 깨우는 사람이었습니다(안셀름 그륀).

동화의 왕자를 저는 인문학이라고 나름 해석합니다. 1600년대에 쓰인 이 동화는 중세의 깊은 잠을 깨우는 인문학의 역할을 보여주는 것이 아닐까요? 근본적인 질문을 통해서 생각 당하고 있는 기존의 고정관념이라는 틀에서 깨어나 새롭게 세상을 보는 눈을 갖는다는 의미로 해석됩니다. 이 동화를 보면 앞에서 예를 든 한양대학교 ERICA 정문은 우리의 깊은 잠을 깨우는 하나의 사례가 됩니다.

우리가 살고 있는 이 시대를 'new normal' 시대라고 합니다. 지금까지 'normal'이라고 생각했던 것이 이제 모두 바뀌고 있다는 뜻입니다. 그래서 과거에 흔히들 쓰던 "아는 것만큼 보인다"는 이제 아는 것만큼 고정관념에 빠진다는 경고가 될 수 있습니다.

김종량 전 한양대 총장은 "교육이란 학생들에게 지식을 묻는 것이 아니라 이제까지 학생들이 던지지 않은 질문을 던지도록 하는 것이다"라고 주장합니다. 질문이란 본질에 대해 근본적으로 의문을 갖는 것으로 이것이 바로 기업이 인문학자를 필요로 하는 이유입니다. 인문학자들은 다른 시선으로 생각하기 때문입니다. 이 때문에 국내에서도 'Think Different!'가 한참 유행이었지요.

이렇게 존재의 의미를 추구하고 찾는다는 것은 한편으로는 자신의 참모습, 참자아를 만나는 과정이기도 합니다. 남들과 같은 방식으로 사물이나 세계를 바라보는 것이 아니라 자신의 방식으로, 자신의 시각으로 세계를 바라 보아야 하기 때문입니다(안셀름 그륀). 흔히들 말하는 것과 같이 진정한 발견이란 새로운 것을 찾아내는 것이 아니라 이렇게 새로운 시선을 갖는 것입니다.

저는 사물의 존재성(사물성)을 새로 만들어 내는 것을 창조라고 생각합니다. 예를 들어 창문의 사물성을 고민하다 보면 나만의 새로운 창문을 만들 수 있습니다. 새로운 창문이란 형태가 갖는 독특성이기보다 창문이라는 존재의 스토리를 의미합니다. 존재의 사물성, 스토리를 먼저 만들고 그다음 스토리에 적합한 물리적인 형태의 창문을 그려갑니다. 건축은 존재의 스토리를 이야기하고 만들어 가는 작업의 과정입니다.

사물의 마음을 보는 것을 시(詩)라고 합니다. 건축가는 이런 관점에서 보면 자연스럽게 시인(詩人)이 됩니다.

그러나 사물을 본성을 갖는 존재로 보는 서구적인 사유방식은 아쉽게도 환원주의적인 결과를 만들어 냅니다. 이는 사물을 독립된 개체로 보고 파악하는 사고방식입니다. 세계를 연속적인 흐름을 갖는 하나의 전체로 보는 방식이 아니기 때문에 상호 연관성이라는 또 다른 본질에 취약하기 쉽습니다. 예를 들어 현대의학이 인간을 전체로 보지 않고 안과, 비뇨기과, 심장내과 등과 같이 세분화해서 보는 것은 이러한 사고방식의 결과입니다.

"때때로 나는 갑자기 멈춘다.

한 번도 그 존재를 의심해 본 적이 없는 것의 존재를 발견하고

그 눈부심에 온몸이 전율한다."

- 클로드 모네 -

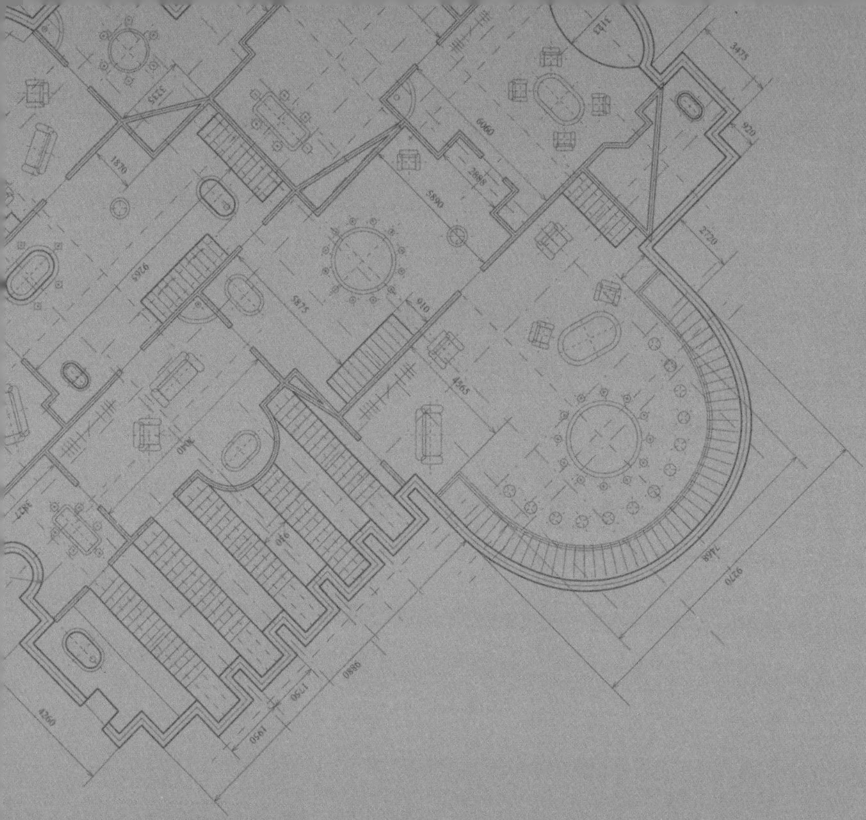

chapter 02
흐름의 장

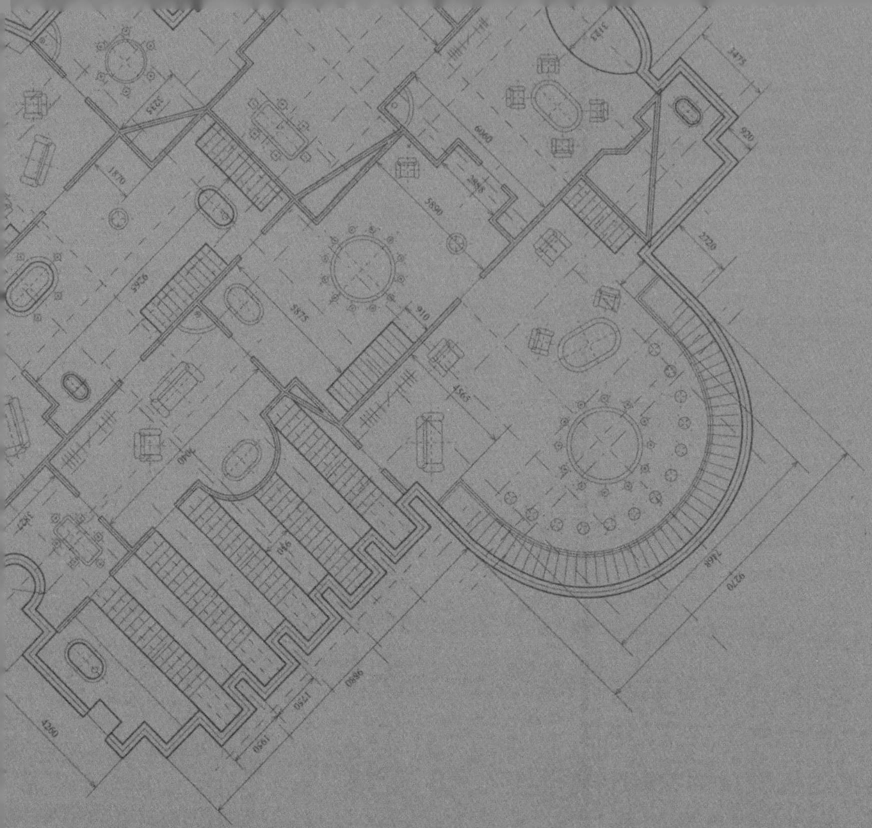

동양인은 다른 방식으로 세상을 이해합니다.

동양인에게는 오감 외에 세상을 경험하는 또 다른 방식이 있습니다. 인간이 갖는 다섯 가지 감각, 즉 시각, 청각, 촉각, 후각, 미각 외에 동양인은 기(氣)로도 세상을 이해합니다.

맹자의 어머니가 세 번 이사했다는 '맹모삼천지교'의 이야기는 기(氣)의 개념을 잘 설명하는 사례입니다. 눈에 보이지는 않지만, 맹자의 행동에 영향을 주는 주변 환경의 기운을 어머니는 감지하고 세 번씩이나 이사합니다. 주변의 보이지 않는 기운이 어린 맹자의 행동에 영향을 미친다고 생각했기 때문입니다. 동양에서는 이처럼 주변 기운이 인간운명에 영향을 준다고 생각합니다. 따라서 이사를 간다는 것은 또 다른 기운의 장으로 들어가는 것이고, 이는 다른 운명 속으로 들어가는 중요한 사건입니다. 만화가 허영만은 이처럼 주변에 존재

호숫가에 앉아 있는 학생들

하는 보이지 않는 힘, 눈에 '보이지는 않지만 다른 것을 움직이게 하는 힘'을 기(氣)라고 정의했습니다.

김승호는 사람이 사는 장소나 지역에 따라 그 기운이 다르기 때문에 사람이 어디에 거주하느냐에 따라 그 운명이 달라진다고 주장합니다(김승호, 사는 곳이 운명이다). 같은 한민족이면서도 경상도에 사는 사람, 미국에 사는 사람, 제주도에 사는 사람의 기질이 다르다는 것을 우리도 일상에서 쉽게 경험할 수 있습니다.

최승호는 풍수에서 수(水)기가 없는 땅은 안정되어 있지 않은데, 중국의 수도 베이징의 경우 수기가 없어서 여성성이 부족하고, 이곳 사람들이 다소 거친 면모를 보인다고 주장합니다(최승호, 대한민국 풍수 여행 30). 보이지 않지만, 물이 미치는 은밀한 기운에 대한 설명입니다.

사진은 대학 캠퍼스의 호숫가에 앉아 있는 학생들의 모습입니다.

그런데 왜 학생들이 물가에 이렇게 무리로 앉아 있을까요? 물에는 도대체 어떤 성질(에너지)이 있기에 이렇게 사람들의 행동에 영향을 줄까요? '물은 H_2O다'라고 정의하는 것이 근대의 사고방식이라면, 동양에서는 물 자체의 화학적인 구성보다는 물과 사람 간의 보이지 않는 흐름에 더 주목합니다. '보이지 않지만, 사람을 움직이게 하는 힘'으로서 동양에서는 물의 존재를 이해합니다.

물과 사람을 따로따로 나누어 개개의 독립된 존재로 파악하기보다는 서로 영향을 주는 흐름의 관계에 더 주목합니다. 이 관계를 과학적으로 정확히 설명하기 어려워 일단 이 책에서는 흐름, 또는 만남이라고 불러 보겠습니다. 호숫가의 학생들처럼 물은 사람들을 모으게 하는데 이 기운은 눈에 보이는 물이 아니라 물이 갖는 눈에 보이지 않는 어떤 힘, 에너지입니다.

동양 건축은 이렇게 건축과 주변에 있는 다양한 존재들 사이에 존재하는 에너지의 흐름과 만남을 중요시합니다. 건축은 주변 존재들의 상호 에너지 흐름으로부터 만들어지는 만남의 장, 흐름의 장을 형성하기 때문입니다. 이 흐름은 존재와 존재들이 서로의 개별적인 경계를 넘어 상호 공명하는 현상으로 설명할 수 있습니다.

여기서 제가 관계라는 단어보다도 흐름이라는 단어를 사용한 것은 관계라는 말은 기능적 연관성, 인과관계 등 오해의 소지가 있기 때문입니다. 그런 관계를 중요시한 것이 아니라 눈에 보이지 않지만 상호 영향을 미치는 흐름을 우주의 본질적인 현상으로 본 것입니다.

서구의 실체 개념이 사물 그 자체의 본성을 이해하려는 사유방식이라면, 동양의 기 개념은 상호 흐름을 갖는 하나의 장(場)으로 사유하는 방식입니다.

사물마다 각각 다른 독특한 에너지(기)를 갖고 있으며, 세계는 이 에너지들이 상호 영향을 주면서 공존하는 공명의 장을 형성합니다. 주변 존재들과의 관계적 흐름 관점에서 건축을 보면 건축은 object가 아닌 비빔밥과 같은 통합된 장의 세계를 연출합니다.

이러한 장에는 에너지가 있습니다. 마치 우주 에너지가 인간의 단전에 집중되듯이 공간에 생명 에너지를 집중시켜 장 에너지를 끌어올리는 작업이 동양 건축입니다.

서양에서도 아인슈타인의 이론 $E=mc^2$에 따라 모든 물질은 에너지로 존재한다고 생각하며, 양자물리학에 따르면 사람들이 비록 잘 알지 못하는 사이일지라도 무의식적인 수준에서 지속적으로 서로 정보를 교환한다고 합니다(Alexander Loyd, The Healing Code).

양자물리학에는 '동조'(얽힘, entanglement)라는 개념이 있습니다. 이는 최초 빅뱅의 순간부터 모든 입자가 연결되어 있다는 것입니다. 데카르트와 뉴턴이 해석한 우주는 단순한 물질의 세계, 즉 기계적인 우주였습니다. 그러나 양자 물리학자들이 물질을 깊게 파 들어간 결과, 물질이 에너지로 바뀐다는 사실을 알게 되었습니다. 우주는 전혀 물질이 아니었던 것입니다. 양자물리학에서 그려내는 우주는 모든 부분이 상호 작용하며 영향을 주는 통일된 우주입니다.

눈에 보이지는 않지만, 사람을 움직이게 하는 힘

이는 그동안 과학을 지배해온 데카르트식의 주체와 객체, 관찰자와 대상 사이의 구분이 사라진다는 것을 의미합니다(윌리암 안츠 외, 블립).

현대 양자 물리학에서는 놀랍게도 우주의 모든 부분들이 서로 공명하며 영향을 준다는 '흐름'에 관하여 이야기 합니다.

지리학자인 브로턴은 한국인에게는 자연(지형)을 보는 독특한 관점이 있다는 흥미로운 지적을 합니다(제리 브로턴, 욕망하는 지도).

"한국의 지도 제작자들에게 중요했던 것 가운데 하나는
오래전부터 내려온 풍수다. 형세라고도 하는 풍수에 따르면 땅의 기의
흐름은 강이나 산 같은 지형에 영향을 받는데...(중략)
한반도는 풍수 즉 형세에 따라 지도를 제작하는 일이
중국보다 더 흔했다...
한국에서 자연지리를 묘사하는 것은 곧 영적 형세를
표현하는 것이었다."

지도를 그리는 데에서 한국인은 자연지리를 영적 형세로 이해한다는 것입니다. 브로턴과 같은 서양인의 눈에는 이런 세계관이 좀 독특하게 보였던 모양입니다. 이 영적 형세가 바로 보이지 않는 대지의 에너지, 즉 지기(地氣)입니다.

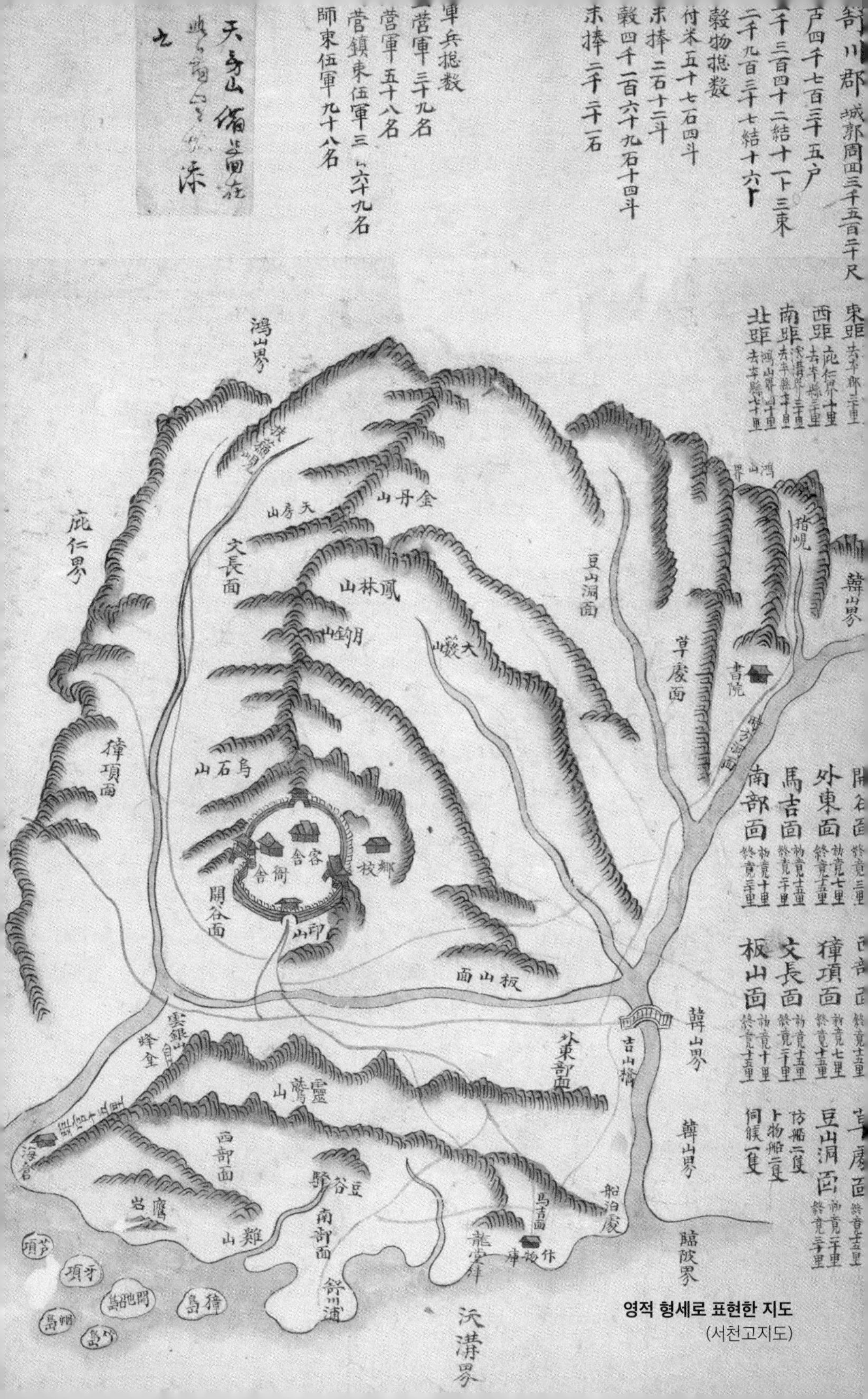

영적 형세로 표현한 지도
(서천고지도)

저는 대지가 갖는 이런 영적 형세를 한국인 고유의 자연을 보는 방식이라고 생각합니다. 저는 이것을 눈에 보이지 않는 숨은 지형이라고도 부릅니다. 건축가가 집을 설계할 때 대지가 갖는 보이지 않는 영적인 형세를 읽을 수 있어야 인간에게 건강한 환경을 제안해 줄 수 있습니다. 주변의 좋은 기운과의 흐름을 통하여 공간이 생명력을 가질 수 있기 때문입니다. 즉 동양의 건축가는 자연 속에 보이지 않았던 무언가를 드러내 보여줍니다. 즉 숨은 지형을 찾아 이를 도드라지게 합니다. 그리고 그것이 사람에게 영향을 미칩니다.

풍수란 대지 주변에 존재하는 이런 보이지 않는 좋은 에너지를 읽어 내는 학문이며, 건축이란 주변에 존재하는 보이지 않는 좋은 에너지를 인간과 연결해 주는 매개체입니다. 보이지 않지만 존재하는 주변의 좋은 기운을 발견하고 이를 생기 넘치는 장의 건축에 담아 줌으로써 이곳에 사는 인간을 건강하게 만들어 주는 것이 건축의 존재 이유가 아닐까요? 인간을 우주와 건강한 관계를 맺게 해주는 것이 바로 치유건축이고 인간에 대한 사랑이라고 저는 생각합니다.

우리 선조들은 그림을 그릴 때도 눈에 보이는 사물(object)을 그린 것이 아니라 그 사물이 갖는 에너지, 즉 기색을 그렸습니다.

그 외에도 선조들은 주변 존재들의 에너지(기)가 인간의 건강에도 큰 영향을 미친다고 생각해서 풍수를 건강의 관점에서 중요하게 생각했습니다.

정선 인왕제색도

또한, 사물마다 갖는 보이지 않는 기운을 동양에서는 풍(風)이라고도 표현했습니다. 아사노 후사요는 풍경은 단순히 형태만을 의미하지 않는다고 주장합니다. 풍경의 '경'은 객관적으로 눈에 보이는 대상을 의미하고 반면에 풍경의 '풍'은 눈에 보이지 않는 대상을 나타냅니다(치유의 풍경, 아사노 후사요, 다카에스 요시히데). 즉 풍경은 보이는 대상과 보이지 않는 대상으로 구성되는 데, 이 보이지 않는 풍이 사물이 갖는 기색(氣色)을 의미합니다.

우리가 사람의 풍채, 풍모를 말할 때 보이는 형태보다는 보이지 않지만, 사람에게서 나오는 기색 즉 아우라를 의미합니다. 사람에게 쓰이는 풍채, 풍모의 풍이라는 단어는 자연 형태에도 사용되어 풍경이라는 말은 자연에서 나오는 기색을 의미합니다.

풍경의 말은 기색입니다(풍경의 쾌락, 나카무라 요시오).

얼굴에 기색이 있듯이 자연에도 기색이 있고, 민족에도 기색이 있는데 이는 풍속이 됩니다.

김홍도의 풍속화첩은 삶에서 나오는 한국인의 기색인 신명을 표현합니다. 이를 좀 확대해서 생각한다면 건축 형태에도 기색이 있는데 기와집과 초가집은 기운 자체가 다릅니다. 풍경(자연의 기색), 풍속(민족의 기색), 풍습(삶의 기색), 풍채(외모의 기색), 풍악(소리의 기색), 풍류(삶의 기색), 풍월(달의 기색), 풍토(흙의 기색), 풍미(맛의 기색), 풍모(외모의 기색),

민족의 기색(풍속)을 표현한 그림

풍수(장소의 기색), 위풍(행동의 기색)... 이처럼 풍의 의미는 바람이라는 단어보다는 보이지 않는 기색을 의미합니다. 그리고 기색은 바로 흐름을 전제로 합니다.

인간에게 이로운, 기색이 좋은 것을 '생기'라고 하고, 나쁜 기색을 '살기'(殺氣), 또는 '사기'(邪氣)라고도 부릅니다. 또한, 기색을 음과 양으로 크게 구분하고 이 양과 음의 조화를 추구합니다. 예를 들면 한옥은 사랑채와 안채로 구성되어 있는데, 여성을 위한 안채는 기류의 흐름이 안정되고 조용한 반면에 남성을 위한 공간인 사랑채는 바람이 잘 드나드는 곳에 위치하여 남성과 여성의 기운에 맞는 공간을 차별화하였습니다(박성혜, 풍수 인테리어).

대학 캠퍼스 내 호수공원에 사람들이 자연스럽게 모인다면 이는 이곳에 좋은 기운이 흐른다는 것을 의미합니다. 결국, 건축가가 하는 일은 좋은 기운이 흐르는 공간을 만들어 주는 것입니다. 좋은 건축은 인간과 주변의 생기와 관계를 맺어 줍니다. 이 관계 맺음을 저는 동양식 돌봄이라고 생각합니다.

서양의 자연이 가시적인 영역에 해당된다면 동양의 자연은 배후에 보이지 않는 흐름의 세계에 주목합니다. 인간에게 영향을 주는 근원적인 존재들의 신성한 힘을 보여주는 것이 동양인이 자연을 대하는 태도입니다.

신성한 만남 -
주변이 말을 걸다

야메오 산세이는 인간에게 깊은 안도감을 주는 것을 모두 '가미'(かみ)라는 이름으로 불렀습니다. 우리가 만나서 진심으로 좋았다고 생각하는 것이 있다면 그것이 무엇이든 그는 가미라는 이름으로 부릅니다. 이러한 만남이 가능한 것은 생명 간의 근원적인 공명현상이 있기 때문이며, 괴테는 이러한 영적인 유대를 '친화력'(Die Wahlverwandschaft)으로 표현하였다고 합니다. 이 영적인 친화력으로 인하여 우리는 주변의 다른 '나'와 근원적으로 연결될 수 있습니다(일본어의 '가미'는 모든 것에는 신이 들어 있다는 일본의 민속적인 신을 의미함).

생명 간의 근원적인 공명현상을 통해 만난 '가미'의 사례를 들어 보겠습니다.

"날씨 좋은 날 나카타 바닷가에 가기만 하면 거기에는
내 영혼을 밑바닥부터 깊숙이 위로해 주는 영원히 짙푸른 바다라고
하는 가미가 있다."

- 야메오 산세이, 이곳에 사는 즐거움에서, 가미로 만난 바다 -

"불을 바라보고 있으면 인생은 완벽한 것으로,

무엇 하나 부족한 것이 없다는 듯이 느껴지곤 한다."

- 야메오 산세이, 가미로 만난 불 -

"빗소리와 관객이 만날 때 얼마만큼의 공명이 발생하는지가

나에게 가장 중요하다. 나의 작품을 통해 편안한 느낌을 관객에게

전해주려 한다. 관객들이 빗소리를 보고 편안해지면 좋겠다."

- 김기철, 가미로 만난 빗소리 -

"나는 나무의 빛과 그림자를 무척 좋아한다.

나무 앞에서 따뜻한 바람을 맞으면, 머릿속에 가로막고 있던

겹겹의 장벽들이 한순간에 무너지고, 내가 숨을 쉬고 있다는

자체가 소중히 느껴진다."

- 니콜라스 판, 언덕 위의 수도원 중에서, 가미로 만난 나무와 따뜻한 바람 -

"초복을 고비로 장마가 개더니 밤으로는 달빛이 하도 좋아

쉬이 잠들 수가 없다. 앞산 마루 소나무 가지 사이로 떠오르는

달은 더없이 정다운 얼굴이다.

방안은 방안대로 창호에 비친 달빛으로 넘치고 있다.

아, 달에도 향기가 나네."

- 법정, 가미로 만난 달 -

"바다에도 물길이 있다는 사실을 두 눈으로 확인하면서 연신 감탄사가

이어진다. 갯벌을 휘돌아 지나가며 장대한 갈대숲으로 이어지는 물길은 그대로 파노라마였다. 난간에 기대서서 턱을 괸 채 한동안 '물멍'을 때렸다. 그리고 동시에 '갈대멍'도 함께 때렸다."

- 원철, 갈대밭에서 달마대사를 만나다, 조선일보 기사, 가미로 만난 물과 갈대 -

일상에서 이렇게 '가미'를 만난다는 것은 일종의 사건이라 볼 수 있습니다. 어떤 것이 특별하게 나와 공명하며 만난다는 것은 말 그대로 하나의 '사건'입니다.

저는 우리 옛 어머니들이 부엌 아궁이에 활활 타오르는 장작불을 바라보면서 불의 신비로움, 즉 가미를 만났을 것으로 생각합니다. 저 자신도 장작불을 보면, 불이 타들어 가며 불규칙하게 흔들릴 때마다 태초의 근원적인 모습에 멍하니 빠져듭니다. 즉, 불의 가미를 만난 것입니다. 도대체 우주에 어떻게 이런 불이 존재할 수 있을까? 요즘 말로는 이를 '불멍'이라고 합니다. '불멍'이란 말에 이미 공명이라는 의미가 이미 담겨 있지 않을까요?

건축물을 설계할 때 대지 주변에서 이러한 가미를 찾고 이를 건축을 통해서 중재해 주는 노력이 필요하다고 저는 생각합니다. 건축가가 벽에 구멍(창문)을 내었는데 무언가가 그 창문을 통해 말을 걸어온다면 기분이 어떨까요? 창문을 통해 '빗소리'라는 가미를 만나고, 정다운 달이 말을 걸어오고, 바람에 산들거리는 나무를 만난다면... 이런 사건을 만들어 주는 건축이 좋은 건축이 아닐까요?

놀랍게도 우리 전통 한옥은 가미를 중재해 주는 전형적인 건축이었습니다. 우리 전통 건축은 건축물 그 자체보다는 주변의 기운과 사람을 연결시켜 줍니다. 건축이 아니라 건축의 주변을 보여줍니다. 주변의 특별한 에너지를 품은 가미들이 인간에게 좋은 기운을 전달해 줍니다.

저는 근대란 또 다른 모습의 암흑시대라고 생각합니다. 왜냐하면, 근대는 이러한 근원성에 대한 이해가 부족한 시대이기 때문입니다. 근대는 "나는 생각한다, 고로 나는 존재한다"라는 아주 나약한 기반에 의거하여 인간 존재 의미를 확인합니다. 근대의 기반인 인간 이성은 보이지 않는 초월적인 세계에 대해 매우 인색합니다. 중세가 이성을 외면하여 암흑시대라고 불렸다면, 근대는 보이지 않는 초월적인 세계에 대해 눈을 감습니다. 그런데 인간의 영혼은 이 초월적 근원성에 기반을 둡니다. 근대는 영혼에 대해 눈을 감고 있습니다.

가미란 생명 간의 영적인 유대이고 근원적인 공명현상으로 근대인은 이에 대한 이해가 부족합니다. 저는 현대인들이 우울증에 걸리는 이유는 바로 인간을 올바르고, 균형 있게 이해하지 못하기 때문이라고 생각합니다. 우울증은 이 시대의 어두움으로 말미암은 영혼의 깊은 탄식의 표현이라고 해석합니다.

시대를 구분하고 정의하는 다양한 방법들이 있는데, 예를 들어 오늘날은 4차 산업혁명 시대 등... 그러나 저는 이 시대를 나름 '영혼을 상실한 시대'라고 정의합니다.

일본 신도(神道)에서 신(神)을 의미하는 가미는 어떻게 보면 다신교 또는 범신론적인 차원에서 애니미즘의 일환으로 볼 수 있습니다. 그러나 저는 애니미즘을 아주 미신적이라고만 생각하지 않습니다.

성경 로마서 1장 19, 20절에 따르면
"이는 하나님을 알만한 것이 그들 속에 보임이라 하나님께서 이를 그들에게 보이셨느니라 창세로부터 그의 보이지 아니하는 것들 곧 그의 영원하신 능력과 신성이 그가 만드신 만물에 분명히 보여 알려졌나니 그러므로 그들이 핑계하지 못 할지니라."

성경은 만물 안에 하나님의 영원하신 능력과 신성이 분명히 보여 알려진다고 말합니다. 성경에 따르면 우리가 눈으로 보는 자연이란 하나님의 신성으로 가득 차 있는 창조물들입니다. 이 신성을 만나는 것이 우리의 영적인 유대, 친화력이 아닐까요? 다만 애니미즘에서는 이 신성함을 신, 그 자체로 믿고 숭배하지만, 성경은 이를 창조물에 계시 되어 있는 창조자 하나님의 신성함이라고 말합니다. 근본적으로 만물에 신이 있다고 믿고 의지하는 애니미즘과 만물을 통한 하나님의 계시는 다른 차원의 이야기입니다.

저는 불을 통해서도 하나님의 영원하신 능력과 신성을 볼 수 있다고 생각합니다. 이런 의미에서 옛날 부엌 아궁이는 우리 조상, 어머니들이 하나님의 신성을 만나는 특별한 장소로도 해석할 수 있습니다. 그래서 부엌은 어머니들의 신성한 치유 공간이자 영혼을 돌보는 공간이었으며, 그릇에 맑은 물을 떠놓고 우주와 접속하는 고요하고 신성한 작은 신전이었습니다. 맑은 정화수는 또한 오늘날 'H_2O'라는 화학기호로 치환됨에 따라 그 신성함을 모두 잃어 버렸습니다. 이렇게 근대는 자연의 신성함에 대해 눈을 감은 시대입니다. 존재 자체를 그 본질로부터 소외시킨 시대입니다.

이우환은 "근대란 인간이 만든 의식 속에 인간을 가두어 놓은 시대"라고 규정합니다. 그는 근대의 인간 중심적 관념주의를 비판하면서, 그 시각의 일방성을 반성하고 상호적인 관계제시와 타자와의 만남을 제창합니다. 인간이 만든 세계, 인간의 방식으로 해석한 세계로부터 벗어나기 위해서는 연결과 만남의 시도가 필요하다고 피력합니다(심혜신, 만남을 찾아서).

건축을 통해 만남의 사건이 주어진다면 이는 영혼을 치유하는 성스러운 공간이 됩니다.

건축이 아니라 주변을 보여라

object 중심의 서양건축은 주체 중심적 사고에 기반을 두고 있습니다. 주체와 대상을 구분하는 서구적인 사고방식에서 건축은 당연히 인식의 대상이 되며, 내(주체)가 건축(대상)을 바라보는 방식으로 건축이 존재합니다. 따라서 눈에 보이는 대상을 표현하는 투시도법은 르네상스 이후 서양건축에서 중요한 의미를 갖습니다.

그러나 동양에서는 object 중심적인 건축을 추구하지 않았습니다. 내(주체)가 우주와 분리되어 독자적으로 존재하는 것이 아니라 우주의 한 부분이라고 생각한 동양에서는, 건축을 주체와 분리된 object가 아닌 인간과 우주를 연결해 주는 중재적 매개체로 인식했습니다. 이러한 사고체계에서는 건축물, 그 자체보다는 건축이 인간에게 중재해 주는 내용(만남)이 더 중요하게 됩니다.

서양의 minimalism은 대상(사물)의 본질에 대해 깊이 생각하고 이를 최대한으로 단순화시켜 그 본질을 표현하는데 기반을 둡니다. 이러한 사고 체계는 사물의 본질을 추구하는 행위로 동양에서 이야기하는 비움과는 근본적으로 다릅니다.

동양의 비움이란 텅 비어서 허망한 공(空)이 아니라, 텅 비어서 무한대로 창조하는 空을 의미합니다. 즉 만물을 생성해 내는 내재적인

건축이 아니라 주변을 보여라 (명옥헌)

기운을 가져서 생명을 잉태하는 힘을 갖는 곳, 즉 생기가 있는 곳을 의미합니다(백성호).

동양건축은 비움을 통하여 주변에 가득 차 있는 자연의 생명력(生氣)을 드러내 보이는 작업을 추구 합니다. 동양의 비움은 사물(object)의 본질을 드러내 보여 주는 것이 아닙니다. 비움을 통하여 눈에 보이지 않지만 주변에 존재하는 사물들의 근원성을 의식하게 해줍니다. 아이러니 하게도 비워짐은 채움을 위한 가장 중요한 조건이 됩니다. 이렇게 세계의 근원성에 대해 인식하고 사색하게 해주는 것을 저는 '고요'라고 부릅니다. 이런 고요를 불러내 주는 공간을 영혼을 위한 건축이라고 생각합니다.

건축공간과 주변에 존재하는 자연의 생명력(生氣)과 관계를 맺어줌에 의해 소위 만남의 장, 흐름의 장을 만드는 것이 동양 건축의 핵심입니다.

저는 풍수지리란 주변에 눈에 보이지는 않지만 존재하는 자연의 생명력(생기)을 읽어 내는 숨은 지형을 찾아내는 학문이라고 생각합니다. 풍수에서는 이런 자연의 생기에 감응을 받은 사람이 보다 건강하고 행복한 삶을 누릴 수 있다고 여깁니다. 이런 의미에서 풍수에 기반을 둔 동양건축은 근본적으로 인간 치유(돌봄)를 전제로 합니다.

법정 스님의 글을 통해 우리 주변에 있는 자연 생명력의 존재들을 만날 수 있습니다.

"새벽에 비 내리는 소리를 듣고 잠에서 깨어났다...
머리맡에 소곤소곤 다가서는 저 부드러운 발자국 소리...
개울물 소리에 실려 조용히 내리는 빗소리에 귀를 귀 울이고 있으면
살아있는 우주의 맥박을 느낄 수 있다.

새벽에 내리는 빗소리에서 나는 우주의 호흡이 내 자신의 숨결과
서로 이어지고 있음을 감지한다.
그 무엇에도 방해받지 않는 자연의 소리는, 늘 들어도 시끄럽거나
무료하지 않고 우리의 마음을 그윽하게 한다.

초복을 고비로 장마가 개더니 밤으로는 달빛이 하도 좋아 쉬이
잠들 수가 없다. 앞산 마루 소나무 가지 사이로 떠오르는 달은
더없이 정다운 얼굴이다. 방안은 방안대로
창호에 비친 달빛으로 넘치고 있다.
아, 달에도 향기가 나네!"

- 법정, 오두막 편지 중에서 -

오늘날 아파트에 사는 현대인들이 새벽에 내리는 빗소리와 달빛을 이렇게 아름답게 경험하고 또 표현할 수 있을까요? 고요한 중에

경험하는 비 내리는 소리와 달빛은 바로 우리의 내면과 연결됩니다. 그런데 중요한 것은 이런 경험을 가능하게 하는 매개체가 바로 건축이라는 것입니다. 건축을 통해서 그전에는 보이지 않았던 주변이 나타나 보이게 됩니다.

저도 개인적으로 달을 잊고 산 지가 벌써 오래된 것 같습니다. 오랜만에 달을 보고 싶어 아파트 발코니에서 두리번거린 적이 있었습니다. 그런데 이리저리 찾아보아도 달은 잘 보이지 않습니다. 둘째 아이가 어렸을 적에 한 말이 기억납니다. "아빠, 왜 달은 나만 쫓아와?" 어렸을 때 나만 그렇게도 따라 다녔던 달을 어찌 그리 쉽게 잊어버렸는지? 사람이 달을 잊어버리니 건축도 달을 멀리하는가 봅니다. 아니면 건축이 달에 침묵할 때 우리 감정도 같이 침묵하는 것이 아닌지?

창호에 비친 달빛, 빗소리가 들리는 집… 우리가 대학에서 건축을 배울 때 집(건축)을 shelter라고 배웠습니다. shelter는 인간을 자연 환경으로부터 보호해 주는 장치로 한마디로 자연과 인간을 격리시키는 관점에서 건축교육을 받았던 것입니다. 물론 건축이 shelter임에는 틀림이 없지만, 한편으로는 자연(우주)을 인간에게 매개해 주는 중요한 중간 매개체임을 법정 스님을 통해 배웁니다.

곽내혁은 "내 안에 우주가 존재하고 있어, 내가 나의 경계에 얽매이지 않고 매 순간 우주와 호흡할 수 있고, 내 몸을 통해서 우주를 만날 수 있고 우주를 통해서 나를 새롭게 이해할 수 있다"라고 주장합니다(곽내혁, 내 안의 우주에 이르는 길). 이렇게 동양에서는 '우주와 나' 사이에 경계를 만들지 않았습니다.

'나 자신'이 바로 우주이기 때문에, 빗소리와 내 마음이 근원적으로 서로 이어져 있음(공명)을 감지할 수 있다는 것입니다. 인간의 내면이 우주 생명력과 만날 때 인간은 세상과 분리된 존재가 아니라 바로 우주 그 자체임을 확인합니다.

우리 인간에게는 지성이 있는데 이 지성도 바로 우주에 속한 부분이라고 저는 생각합니다. 우주의 속성 안에 대(大) 지성이 존재한다는 얘기입니다. 법정 스님은 꾀꼬리 울음소리도 '우주의 가락'이라고 정의합니다. 꾀꼬리 자체도 우주가 낳은 한 부분이기 때문입니다. 그런 의미에서 프랙탈 (fractal) 이론은 우리에게 시사하는 바가 큽니다. 굳이 멀리 우주 밖을 탐사하지 않아도 우주의 속성이 현재 내 안에 있어 이를 통해 우주 전체를 이해할 수 있기 때문입니다. 또한 인간(부분)과 우주(전체)는 서로 동일한 원리를 공유함으로, 인간이 우주와 합일 상태에 이를 때 비로소 건강해질 수 있음을 의미합니다.

저는 한국 전통건축의 중요한 특징은 보이는 것이 아니라, 보이지 않는 것을 표현하는 것이라고 생각합니다. 좀 더 정확히 표현한다면 건축을 통해 주변 만물의 내재적인 기운을 드러내 주는 것이 동양의 건축입니다. 눈에 보이지 않는 다른 본질의 세계를 만나게 해주는 것입니다. 이렇게 동양에서는 비워진 공간에 내재한 기운, 즉 다른 본

종묘 정전

가시적인 세계인 서양의 자연이 색(色)에 해당된다면 동양의 자연은 보이지 않으면서 자연을 만들어 내는 근원적인 힘, 공(空)에 주목합니다. 종묘의 배경으로 존재하는 나무는 색(色)에 해당되고 정전 앞 비워진 공간은 하늘과 땅의 기운이 만나는 공(空)의 영역입니다.

질을 찾습니다. 따라서 대지가 있다면 건축가는 마음을 열고 오랫동안 대지와 교감해야 합니다. 숨은 지형이 말을 걸어오는 것을 기다려야 합니다. 그리고 건축가는 이를 건축을 통해 세계 속에 개시(開示)합니다.

한국 전통건축의 중요한 특징은 눈에 보이는 것이 아니라 보이지 않는 것을 표현하는 것입니다. 건축을 통해 주변 만물의 내재적 기운을 드러내 주는 것이 동양 건축입니다.

가시적인 세계인 서양의 자연이 色의 영역에 해당된다면 동양의 자연은 보이지 않으면서 자연을 만들어 내는 근원적인 힘에 먼저 주목합니다. 이는 空의 영역에 해당됩니다. 동양에서는 눈에 보이지 않는 공의 세계를 자연으로 인식합니다. 그 근원적인 힘은 인간에게도 영향을 줍니다. 눈에 보이지 않으면서 인간에게 영향을 주는 근원적인 힘을 보여 주는 것이 동양의 노력이었습니다(정세근, 기학의 모험).

오늘날의 주거공간인 아파트는 정말로 품격 없는 건축물이라고 저는 생각합니다. 아파트에는 우주 생명력의 흐름이 전혀 존재하지 않기 때문입니다. 실 명칭도 모든 아파트에 거실, 침실, 주방 등 기능에 따라 획일적으로 부여됩니다. 더욱 큰 문제는 이렇게 획일적인 이름들이 우리의 삶을 획일적으로 고정화한다는 것입니다. 거실, 침실, 주방 등의 기능적이고 획일적인 명칭 대신 다른 개념의 공간 이름, 다른 삶의 방식은 없을까요?

예를 들면...

- 자신과 대면하는 공간
- 자연(빗소리, 달빛, 물소리, 나무 등)과 대면하는 공간
- 이웃과 대면하는 공간
- 하늘과 대면하는 공간
- 초월적인 세계(영원)와 대면하는 공간
- 물의 공간, 불의 공간, 흙의 공간, 바람의 공간, 시간의 공간

물론 공간이 명칭만 바뀌는 것이 아니라 이에 따라 삶의 방식도 달라질 것입니다. 한 예로 자신과 대면하는 공간을 설계하기 위해서 건축가는 많은 고민을 해야 할 것입니다. 어떤 공간이 자신과 대면하는 공간인지에 대하여...

집을 지으면서 저는 비움의 공간, 흐름의 장을 만들려고 노력합니다. 주변에 존재하는 보이지 않는 생명력을 찾아내 이를 건축공간에 담으려는 고민입니다. 그리고 맨발로 흙을 경험할 수 있는 공간, 타오르는 불과 지하수 물이 주는 생기를 경험할 수 있는 공간, 돌, 나무, 흙, 하늘을 대면하는 공간 등... 이러한 흐름들은 인간을 우주의 근원과 연결해 준다고 생각합니다.

제가 제안하고 싶은 집은 햇빛이 잘 드는 세 칸의 공간으로 구성됩니다. 한 칸은 자연과 대면하는 공간, 다른 한 칸은 이웃과 대면하

는 공간, 그리고 마지막 한 칸은 나와 대면하는 공간, 즉 초월적인 세계와 대면하는 공간입니다. 여기서 초월적인 세계란 바로 영혼과 관련된 이야기입니다. 저는 개인적으로 '고요'라는 단어를 참 좋아합니다. 고요는 근원과 만났을 때 오는 깊고 평안한 마음입니다. 따라서 나와 대면하는 공간은 근원, 즉 초월적인 세계를 전제로 합니다.

동양인이 생각하는 질병 원인

질병의 원인을 보는 동양인과 서양인의 시각에는 큰 차이가 있습니다. 과거 동양에서는 질병의 원인을 인간과 환경 사이의 흐름 관계에서 찾았습니다.

"고대 중국에서는 모든 존재와 물리적 현상을 음양으로
정의 하였고, 질병은 음과 양의 불균형으로 인해 발생하며
질병의 치료는 음양의 조화를 회복시키는 데 중점을 두었습니다.
기의 순환이 막히거나 해를 받으면 질병의 증상이 나타난다고
생각하였습니다."

- 로이 포터, 의학 놀라운 치유의 역사 -

"건강이란 우리를 둘러싼 환경에 우리 몸이 갈등과 충돌 없이
적응할 때 확보되는 것이며 거꾸로 질병은 생물체가 주어진 환경과
조화를 이루지 못해 갈등 관계가 형성될 때 발생하는 것으로
동양에서는 해석합니다."

- 홍윤철, 질병의 탄생 -

"동의보감에 따르면 기의 순환이 막히거나 해를 받으면 질병의 증상이 나타납니다. 서양의 인체 해부도가 형태와 조직을 중심으로 표현한

다면 동양에서는 기운의 흐름과 분포를 더 중요시하여 표현합니다.
질병의 원인이 외부에서 오는 것이 아니라 인체 내부에서
생겨나기 때문에 동양에서는 유독 치유의 개념이 매우 중요합니다."

- 고미숙, 동의보감 -

곽내혁은 건강을 위해서는 인체 내에서 기가 막힘없이 잘 흘러야 하며 기가 골고루 균형을 이루어야 한다고 주장합니다. 또한, 인체는 우주와의 기 순환이 원활하여 소통이 잘 이루어져야 하며 병과 건강은 고정된 실체의 개념이 아니라 그 근원에서는 인체 내부와 인체와 우주 사이의 기의 흐름이라는 맥락 속에 나타나는 유동적인 어떤 상태로 이해할 수 있다고 주장합니다(곽내혁, 내 안의 우주에 이르는 길).

즉 인간과 인간, 인간과 환경 사이에 균형적인 관계가 깨질 때 질병이 발생한다는 것이 동양에서 해석하는 질병의 원인입니다. 이를 정리하면 다음과 같습니다.

- 동양에서는 질병의 원인이 외부에 있는 것이 아니라 인체 내부로부터 발생하고 이것은 기의 불균형으로부터 온다.
- 기의 불균형은 인간 내부, 즉 인체와 환경이 조화를 이루지 못해 생긴다.
- 풍수지리란 인간이 환경(땅)과 조화를 이루며 사는 방법을 제

안하는 학문이다.

- 서양은 오감(감각자극)으로 세상을 경험하지만, 동양은 기의 흐름으로 세상을 이해한다.

동양적 세계관에서는 인체와 환경 사이의 원활하고 조화로운 흐름은 건강의 기본적인 전제 조건이 됩니다. 따라서 '어디에 살고, 어떻게 집을 짓는가?' 하는 것은 건강한 삶과 직결됩니다.

동의보감은 몸을 생명과 우주의 교차점으로 봅니다. 즉 생명의 원천은 우주이며 건강이란 근원적으로 몸과 외부 사이의 활발한 소통을 의미합니다. 고미숙은 외부와 소통하지 않는 삶은 그 자체가 병이므로 몸에 대한 탐구는 당연히 이웃과 사회, 혹은 자연과 우주에 대한 탐구로 나아갈 수 밖에 없다고 주장합니다(고미숙, 동의보감).

동양의 건축은 주변 존재, 하늘, 바람, 물, 달, 나무, 구름 등과의 관계 짓기 속에서 만들어지는 흐름의 장을 추구합니다. 그리고 이 흐름의 장은 몸과 외부의 소통을 태동시키는 중요한 모체가 됩니다. 동양의 전통건축에서는 건축가의 개성이 강하게 형태로 표현되기보다는 주변 자연과의 만남이 더 중요한 의미를 갖습니다. 동양의 공간, 장소는 단순히 삶을 살아가는 기능적인 배경이 아닙니다. 장소는 사건을 태동시키는 힘을 갖는 에너지의 장입니다.

이런 의미에서 동양의 공간은 근본적으로 치유를 전제합니다. 주변에 존재하는 좋은 기운들은 공간의 정체성을 만들어 줄 뿐만 아니라 그 공간에서 생활하는 사람들의 건강에도 영향을 미칩니다. 그래서 장소는 단순히 삶의 배경 이상의 의미를 갖습니다.

부모들이 자녀에게 전화로 "너 지금 어디니?" 라고 묻는 것은 장소의 위치를 묻기 보다는 자녀들이 어떤 기운의 장에 놓여 있는 지를 묻는 질문이기도 합니다. 이는 자녀들이 어떤 상황을 태동시키는 장에 놓여 있는지에 대한 질문입니다.

저는 건축이란 주변 존재들과의 관계 맺음을 통하여 좋은 흐름의 장을 만들어 주는 작업이라고 생각합니다. 여기서 장이란 존재들이 갖는 상호 흐름에 의해 만들어진 종합된 세계를 의미합니다. 동양의 관점에서는 우주 만물은 고립되어 독자적으로 존재하지 않으며 상호 의존합니다. 장이 유일한 실체로, 모든 것은 만남입니다. 서양이 개개의 존재론적 실체라면 동양에서는 만남, 흐름이 실체가 됩니다.

근대건축의 가장 큰 특징은 공간의 이름이 기능에 의해 결정된다는 것입니다. 아파트를 예로 들면 거실, 주방, 침실 등 방(room) 이름이 기능에 의해 결정됩니다. 공간 명칭을 용도로 결정하는 것은 어쩌면 당연할 수도 있습니다.

건축공간을 기능적인 관점이 아닌 흐름 또는 만남이라는 중재적 관점에서 보면 공간의 성격과 특징은 기능보다도 무엇을 중재하느냐 하는 것이 오히려 공간의 이름을 결정하는 핵심 요인이 됩니다. 예를 들면 달을 중재하는 제월당, 월파정, 농월정, 영월루, 월하문, 바람과 연관된 광풍각, 풍욕정, 취한정, 그림자와 연관된 식영정, 물과 관련된 활래정, 세연정, 명옥헌, 금호루, 주변의 꽃과 관련된 매죽루, 연정, 구름과 관련된 열운정, 운조루 등의 사례를 전통 건축에서 쉽게 찾아볼 수 있습니다.

공간이 사람에게 자연의 생명력을 중재하지 못할 때 그 공간은 자폐적 공간으로 전락하게 됩니다. 여기서 자폐란 주변과의 흐름관계를 상실하여 서로 공명하지 않는 상태를 의미합니다. 기능을 강조한 근대건축은 이런 자연의 힘에 큰 의미를 부여하지 않았습니다. 특히 환자의 생명을 다루는 병원건축은 근대 이후 자연을 외면한 대표적인 건축물이 되었습니다. 병원이란 아픈 환자를 치료하는 장소입니다. 따라서 병원이야 말로 좋은 장(場) 에너지로 채워져야 할 장소입니다.

서로 연결된 존재들과의 상호 공명 관계를 고려하지 않은 근대건축은 인간을 기계 시스템으로 해석하고 인간의 편리함이라는 기능적인 혜택을 주었으나, 다른 한편으로는 자연이 갖는 생명의 힘을 외면함으로서 흐름 관계를 상실한 자폐적인 존재로 전락해 버린 것입니다.

"우리 곁에서 꽃이 피어난다는 것은

얼마나 놀라운 생명의 신비인가?

곱고 향기로운 우주가 문을 열고 있는 것이다."

- 법정 -

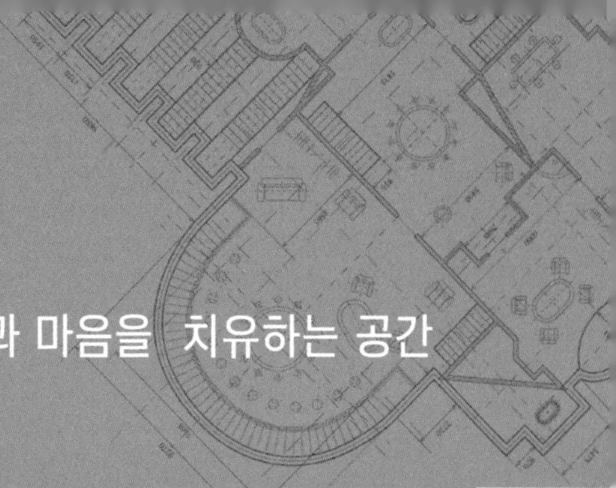

몸과 마음을 치유하는 공간

chapter 03

사람을 치유하는 건축

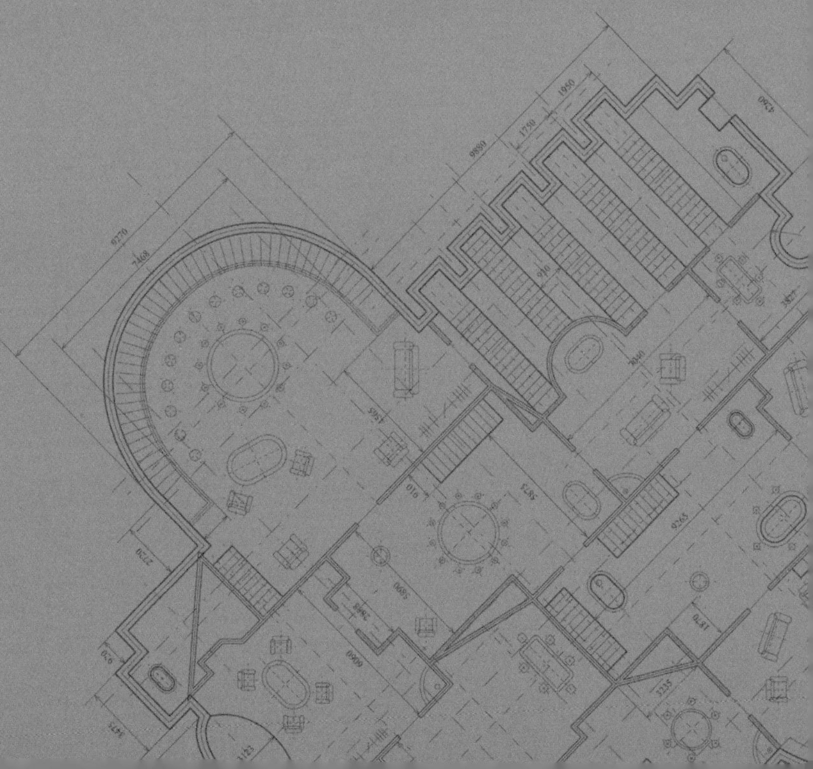

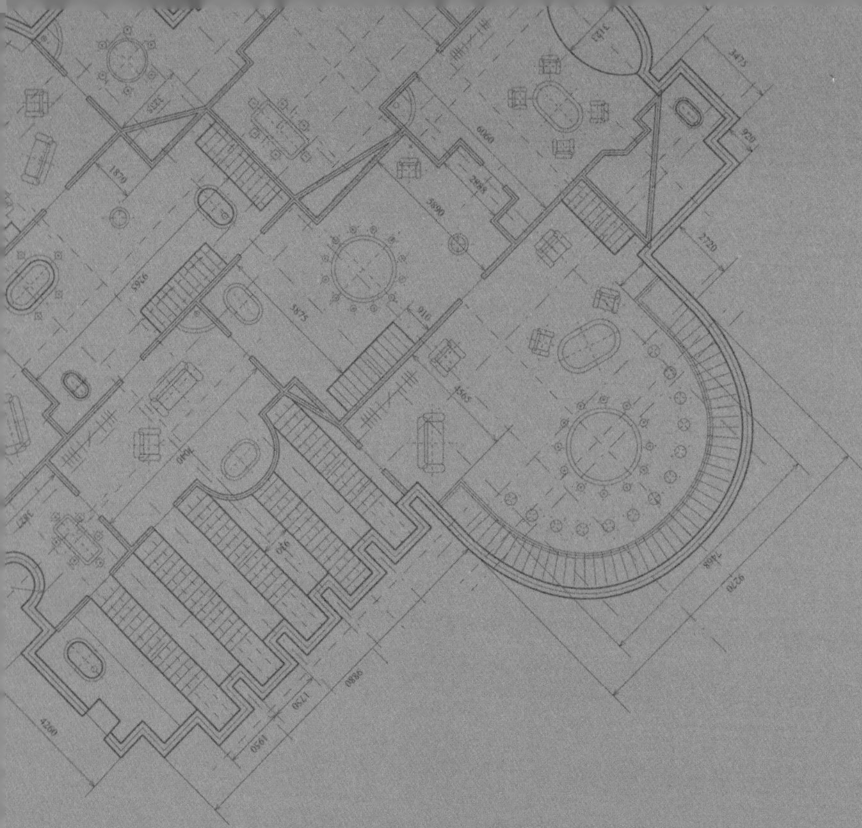

인류는 오래전부터 아픈 사람들의 질병 치유에 도움을 주는 공간에 대해 깊이 고민해 왔습니다. 그런데 질병의 원인을 정의하는 방식이 시대마다 달랐기 때문에 이에 대응하는 건축 공간도 다르게 제안됩니다. 저는 아픈 사람의 치료와 치유에 도움을 주는 이러한 공간들을 '돌봄의 건축'이라고 부릅니다. 여기서 돌봄이란 관심을 가지고 사람을 보살피는 것을 의미합니다.

예를 들어 고대 그리스 사람들은 질병의 원인을 초자연적인 현상으로 생각하였습니다. 따라서 환자들은 신전을 찾아 가 그곳에서 생활함으로써 병이 낫기를 기원했습니다. 사람의 질병과 운명은 신의 영역이라고 생각한 것입니다.

기독교의 영향을 받은 중세에는 병의 근본적인 원인이 죄라고 생각했습니다. 환자들은 교회 같은 분위기의 병원(Hotel Dieu)에서 예배하며 죄를 회개하고 은혜로 용서받음으로써 병이 낫는다고 생각했습니다.

18세기 이후 사람들은 질병의 원인이 '나쁜 공기'(독기론)라고 생각했습니다. 그래서 신선한 공기가 자연스럽게 건물 안으로 유입되고 흘러나갈 수 있는 환기장치 같은 병원을 설계하였습니다. 맑은 공기를 제공해 주면 질병이 치유될 수 있다고 생각한 것입니다.

그 이후 감염학자들은 질병의 원인이 병원균이라고 밝혀냄에 따라 병원 내부의 청결과 위생이 크게 강조됩니다. 이 시기에는 손 씻기를 위한 위생기구, 청결과 오염 동선의 분리, 질병 확산을 막는 작은 단위의 병동 등이 병원설계에 적극적으로 반영됩니다.

근대 이후 서양의학에서는 질병을 단순한 육체만의 문제로 생각하고 몸의 이상을 치료하기 위한 컴팩트하고 기능적인 공장과 같은 병원을 건립하게 됩니다. 그래서 이 시대 병원은 환자심리에는 큰 관심을 기울이지 않은 문제로 많은 비판을 받게 됩니다. 오늘날에는 질병의 원인이 단순히 육체의 문제 뿐만 아니라 정신적이고 영적인 문제로 확대 생각하여 치유 공간도 다양하게 제안되고 있습니다. 대표적인 사례를 좀 더 자세히 소개해 보겠습니다.

치유의 신전 아스클레피온 -
마음을 치유하다

고대 그리스 시대 사람들은 질병이 초자연적인 현상으로부터 온다고 생각하여, 몸이 아픈 사람들은 치유를 관장하는 신인 아스클레피우스 신전을 찾았습니다. 이 신전은 '아스클레피온'(Asclepion)이라고 불리었는데 여기서는 환자들에게 목욕, 아로마, 금식, 운동, 꿈 해석, 음악, 운동, 신전 의식 등 전인적인 치유 프로그램을 제공하였습니다.

지금도 터키 서쪽에 있는 '페르가몬'이라는 지역에 아스클레페온 유적이 일부 남아 있습니다. 신전 입구에는 "죽음은 이곳에 들어올 수 없다"라는 글이 쓰여 있었는데 이 문장 하나만으로도 환자들에게

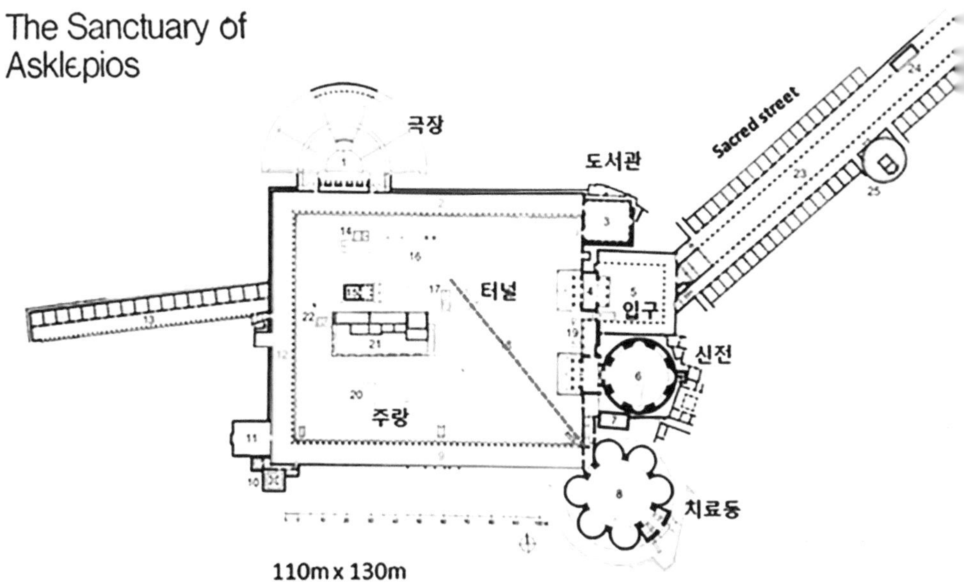

마음의 큰 평온을 주었을 것입니다.

신전에는 맑은 샘물과 이를 이용한 목욕시설이 있고, 이 물은 계단을 따라 지하 치유의 터널로 흐릅니다. 치유의 터널은 샘물이 흐르는 소리와 천정 구멍을 통해서 비치는 빛으로 말미암아 신비한 느낌을 주는 공간입니다. 당시 의사들은 천정 위의 작은 구멍을 통하여 마치 보이지 않는 신이 말하는 것 같은 목소리로 '당신은 분명히 회복될 수 있다'는 확신을 주었다고 합니다.

그리스 사람들은 병이 몸뿐만 아니라 마음과도 깊은 연관이 있다고 생각했습니다. 환자의 마음을 치유하기 위해서 신전 내에 편하게 걷고 생각에 잠길 수 있는 산책로와 정신 건강을 위해서 야외극장과 도서관을 설치하였다는 것이 흥미롭습니다. 고대에는 책을 읽음으로써 영혼이 치유된다고 생각하여 도서관을 '영혼의 치유소' 또는 '영혼을 위한 약상자' 등으로 불렀습니다. 사고의 기쁨과 깨달음의 감동을 주는 독서가 영혼을 치유한다고 생각한 것입니다.

신전 서측에는 야외극장이 있는데 이곳은 연극에 직접 참여하는 드라마 치료나, 아름다운 음악을 연주하고 관람하는 공간으로, 그리스 사람들은 이렇게 예술을 통한 카타르시스가 환자의 병을 치유한다고 생각했습니다. 당시의 그리스의 의사들은 몸의 자연 치유 능력을 확신하였습니다.

사람의 몸 안에는 100명의 의사가 살고 있기 때문에, 의사는 이러

치유를 위한 지하 터널 (사진 이희수)

아스클레피온 야외극장

한 몸의 치유능력을 활성화하는 데 도움을 주는 역할을 한다고 생각했습니다. 히포크라테스는 인간은 태어날 때부터 질병을 극복하는 치유능력을 갖고 있기 때문에 약이나 치료보다는 이 능력을 북돋아 주는 것이 건강관리에 중요하다고 강조합니다. 의사는 환자의 자연치유 능력이 잘 활성화될 수 있도록 환자를 도와주는 조력자일 뿐이고 자연이 바로 질병을 고치는 의사라는 확신을 갖은 시기입니다.

이 시기는 우리 몸이 가지고 있는 자연치유 능력을 활성화하기 위하여 신전, 치유터널, 신성한 물, 산책길, 도서관, 공연장을 지은 시대입니다. 오늘날은 이런 치료방식을 보통 대체의학이라고 부릅니다. 최근 일본에서는 '건축의학'이라는 학문영역을 통해 환경과 마음, 건강이 어떻게 깊고 긴밀하게 연계되어 있는지를 연구하고 있습니다. 그들이 주장하는 것도 바로 "환경이 마음을 만들고 마음이 건강을 만든다"입니다(건축의학, 일본건축의학협회).

Hotel Dieu -
영혼을 치유하다

“예수께서 그 누운 것을 보시고 병이 벌써 오래된 줄 아시고 이르시되 네가 낫고자 하느냐... 예수께서 이르시되 일어나 네 자리를 들고 걸어가라 하시니 그 사람이 곧 나아서 자리를 들고 걸어 가니라... 그 후에 예수께서 성전에서 그 사람을 만나 이르시되 보라 네가 나았으니 더 심한 것이 생기지 않게 다시는 죄를 범하지 말라 하시니”(요한복음 5장).

예수님께서 예루살렘 성 ‘베데스다’라고 하는 연못에서 38년 된 병자를 치료해 주시는 장면입니다. 그리고 “보라 네가 낳았으니 더 심한 것이 생기지 않게 다시는 죄를 범하지 말라” 고 말씀하십니다.

유대인들은 병의 원인이 인간의 ‘죄’ 때문이라고 생각했습니다. 따라서 병의 회복을 위해서는 우선 병의 근원인 죄의 문제를 해결해야 했습니다. 성경은 예수님께서 십자가에서 인류의 모든 죄를 대신해서 형벌을 받고 죽었기 때문에 이를 믿음으로 받아들이는 사람은 모든 죄가 용서된다고 선포합니다. 인간은 착한 행동으로 구원받는 것이 아니라 오직 믿음으로만 죄로부터 해방될 수 있다는 것이 성경에서 말하는 기쁜 소식, 즉 복음(福音)입니다.

오뗄 듀 내부 모습

중세에는 아픈 사람들을 위해 교회와 같은 분위기의 병원을 건립하였습니다. 병실 중앙에 예수님의 십자가가 걸려 있어, 침대에 누워있는 모든 환자가 십자가를 볼 수 있도록 디자인되어 있습니다. 전체적인 분위기는 마치 교회건물 안에 병상을 놓은 느낌입니다. 오뗄 듀(hotel Dieu)를 번역하면 '하나님의 숙박소'입니다. 하나님께서 병든 자, 의지할 곳 없는 자를 위해 제공한 안식처라는 의미입니다.

중세시대에는 아픈 사람들을 위해 교회와 같은 분위기의 병원을 건립하였습니다. 앞장의 그림은 중세 프랑스의 판화로 본 당시 병원의 내부모습입니다.

병실 중앙에 예수님의 십자가가 걸려 있어, 침대에 누워있는 모든 환자가 십자가를 볼 수 있도록 디자인되어 있습니다. 왼편 상단에는 신부님이 환자에게 성찬식을 거행하는 모습과 수녀들이 환자를 돌보는 모습(오른편), 환자들을 위해서 누군가 기도하는 모습(앞면 중앙) 등의 종교적인 행위가 묘사되어 있습니다. 전체적인 분위기는 마치 교회 건물 안에 병상을 놓은 느낌입니다.

이런 중세의 병원을 프랑스에서는 오뗄 듀(Hotel Dieu)라고 불렀는데 이를 번역하면 '하나님의 숙박소'입니다. 하나님께서 병든 자, 의지할 곳 없는 자를 위해 제공한 '안식처'라는 의미입니다.

오뗄 듀의 입구에는 "이곳은 하나님의 집이요 천국으로 가는 문이다"(Here is the house of God and the door to heaven)라고 쓰여 있었다고 합니다. 이는 구약성경 창세기 28장 17절에 야곱이 광야에서 하나님을 만난 후에 한 고백입니다. 그리고 야곱은 그곳을 '벧엘'(하나님의 집)이라고 불렀습니다. 외로운 광야에서 지치고 절망에 빠진 야곱은 어디를 가든지 하나님께서 함께하시고 지켜주신다는 약속에 깊은 위로를 받습니다. 오뗄 듀는 이렇게 환자들이 하나님을 만나는 장

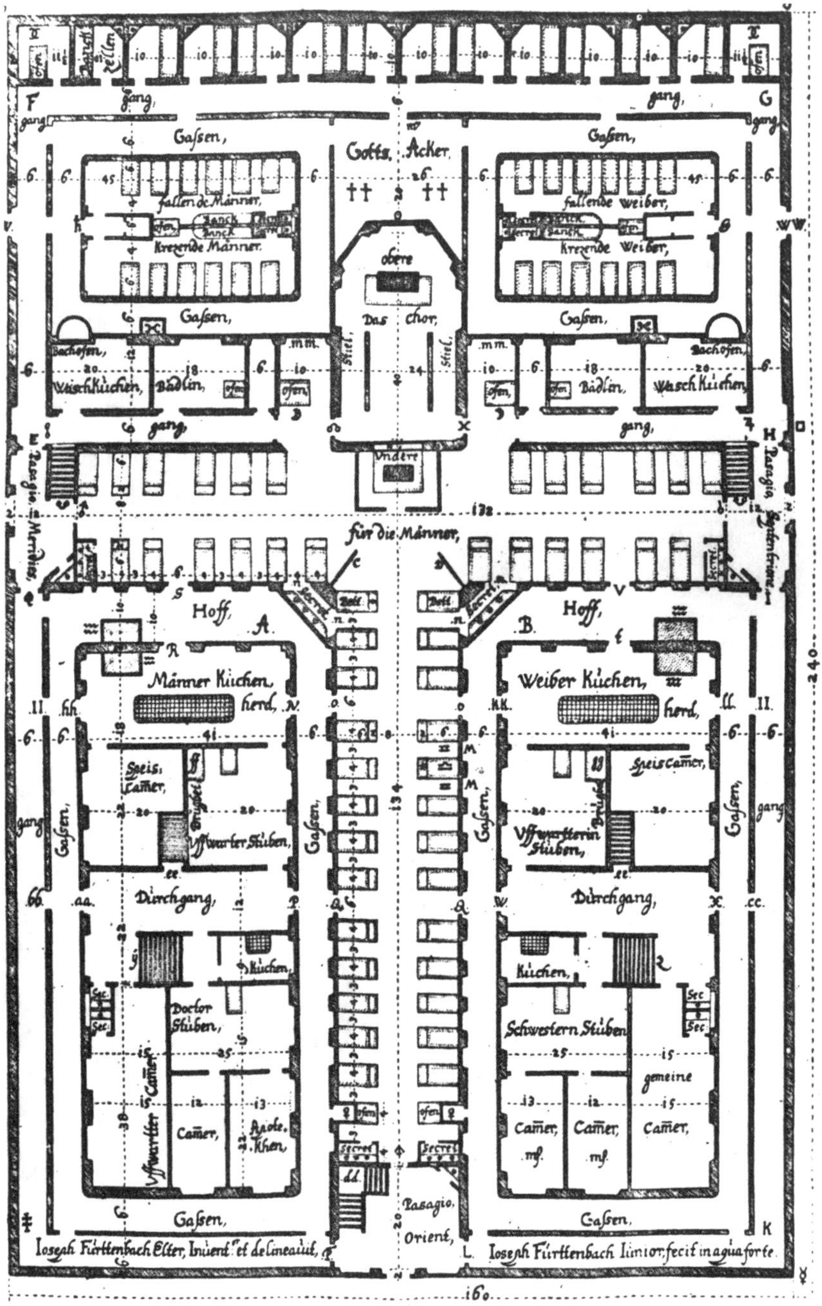

요셉 푸르텐바흐가 제안한 중세병원 평면

소이고, 병이 치유되는 장소이며, 하나님께 감사하는 하나님의 집이었습니다.

1628년 독일 건축가 요셉 후르텐바흐(Josef Furttenbach)는 이상적인 오뗄 듀를 십자가 형태의 평면으로 제안합니다. 병동 중심에 예수님의 십자가가 놓여 있고, 모든 환자가 침대에 누워서 십자가를 바라볼 수 있도록 설계되어 있습니다. 십자가를 바라보면서 거룩한 예배에 참석하고, 십자가에서 인류의 죄를 대신해서 고통받아 죽은 그리스도 예수를 믿음으로 받아들이면 병이 낫는다고 생각한 것입니다.

오뗄 듀에 환자가 입원하면 의사나 성직자들이 먼저 환자의 발을 깨끗하게 씻어주었다고 하는데, 이는 예수님께서 제자들의 발을 씻어준 성경에 이웃 섬김의 표현이었습니다.

프랑스 본느(Beaune)라는 도시에 위치한 오뗄 듀의 내부 사진입니다. 현재는 건물을 리모델링하여 과거의 모습을 재생해 놓았습니다. 넓고 오픈된 공간에 칸막이가 쳐진 여러 개의 작은 병상 공간이 있고, 주변에 간호에 필요한 간단한 기구와 가구들이 놓여 있습니다.

오뗄 듀는 기부금에 의하여 건립되고 유지되었으며, 환자들은 기

오뗄듀 내부 모습
(프랑스 본느)▶

부자를 위해 기도해 줌으로써 서로 영적 자애의 역할을 했다고 합니다. 부자들이 하늘나라에 쉽게 들어갈 수 없다는 성경 말씀(마태복음 19장 24절, "낙타가 바늘귀로 들어가는 것이 부자가 하나님의 나라에 들어가는 것보다 쉬우니라") 에 따라 부자들은 교회에 기꺼이 재산을 기부하고, 환자들은 부자들의 영혼 구원을 위해 기도함으로써, 오뗼 듀의 건립과 운영을 가능하게 했습니다.

한편 오뗼 듀에 입원한 환자들의 사망률은 매우 높았을 것으로 추정됩니다. 당시 치료가 약초와 기도에 주로 의존한 것을 고려한다면 환자의 회복률은 오늘날에 비해 매우 낮았을 것입니다. 그러나 당시 치료 수준은 높지 않았지만, 환자들은 오늘날보다 훨씬 많은 마음의 치유를 받았을 것으로 생각합니다. 하나님의 집, 즉 하나님이 함께하시고 안식을 주시는 이곳에서, 환자들은 믿음으로 하나님께 자신의 모든 운명을 맡기고 감사드리며 삶을 마무리했을 것으로 생각합니다.

오뗼 듀는 중세 이후 바로크 시대까지 사용됨으로써 서구에서 가장 오랫동안 지어진 치유를 위한 돌봄의 건축입니다

파빌리온 병원 -
신선한 공기로 치유하다

18세기 계몽주의 시대에 와서 병원균에 의하여 질병이 전염된다는 사실이 밝혀짐으로써 중세의 기독교식 병원은 자취를 감추고 파빌리온 형태의 새로운 병원이 출현하게 됩니다. 이 시기 사람들은 병의 원인이 죄악이 아니라 제거될 수 있는 원인이 있다는 사실을 비로소 발견합니다. 초기에는 오염된 나쁜 공기가 질병을 일으킨다고 생각했습니다. 따라서 병원은 수도원이나 교회 근처보다는 깨끗한 공기를 마음껏 호흡할 수 있는 숲속의 조용한 장소에 지어집니다. 당시 건축가들은 신선한 공기와 환기를 제공하는 것을 병원설계의 가장 중요한 조건으로 생각하였습니다.

먼저 병원에 큰 창문을 설치하여 신선한 공기가 쉽게 실내로 유입될 수 있도록 하였고 겨울에는 차가운 공기를 지하실에서 덥혀서 실내에 넣어주면 천장에 설치한 작은 배기 구멍을 통해, 기압의 차이로 자연스럽게 공기가 밖으로 흘러나갈 수 있도록 설계했습니다. 병의 확산을 막기 위하여 병동에는 적은 수의 환자를 수용하였으며 공기의 흐름을 위하여 병동 전체를 오픈된 큰방으로 계획하였습니다.

영국에서는 파빌리온 병원을 나이팅게일 병동으로 불렀는데, 이는 나이팅게일이 청결과 위생문제를 매우 중요하게 생각하여 병원구조에 많은 영향을 미쳤기 때문입니다. 신선한 공기, 자연채광, 녹색식물의 배치 등 병원 디자인이 환자의 회복에 중요한 역할을 한다는 그녀의 생각이 기존의 병원구조를 크게 바꾸어 놓습니다. 나이팅게일은 병실에 많은 환자를 수용하지 말 것, 좁은 병상 주변 공간의 문제, 신선한 공기, 햇빛의 필요성 등을 강조하면서 병원의 환경을 개선하고 건강한 환경을 조성하면 병원의 사망률을 줄일 수 있다고 주장했습니다(김창희, 프로렌스 나이팅게일 평전).

병실 내 환자의 밀도, 환자와 환자 사이의 거리, 햇빛, 깨끗한 공기 등의 개념들은 이 시기의 병원건축에 혁신적인 영향을 미칩니다. 햇빛과 나무, 공기를 얻기 위해 2층 이하의 저층 병동과 충분한 병동 간 거리확보를 통해 쾌적한 병동 환경을 만들어 주었습니다. 저는 이를 '건축과 의학의 만남'이라고 부릅니다. 과학, 의학의 연구결과에 따라 이렇게 새로운 건축공간을 만들어 내는 것은 그 시대 건축가에게 부여된 의무라고 생각합니다.

그러나 파빌리온 병동 후기에는 질병의 원인이 나쁜 공기가 아닌 눈에 보이지 않는 작은 미생물이라는 사실과 이것이 공기뿐만 아니라 접촉에 의해 전달된다는 연구결과에 따라 파빌리온 병동에 다소 변화가 생깁니다.

미생물학자들의 연구결과에 따라 먼저 손을 세척하는 위생도구가 병원 내에 중요한 요소로 도입됩니다. 그 외에도 환자를 청결하게 씻길 수 있는 욕실, 화장실의 분리, 격리실 등의 개념이 병원의 중요한 공간으로 생겨납니다. 청결한 공간과 오염물질을 다루는 공간과 동선을 철저히 분리하고, 쓰레기 처리장 등의 오염된 공간은 병동부로부터 멀리 배치하게 됩니다.

환자를 전염으로부터 보호하기 위하여 동선분리, 영역분리, 위생시설의 도입 손 씻기 등의 개념은 오늘날에도 병원설계에 매우 중요한 개념들입니다.

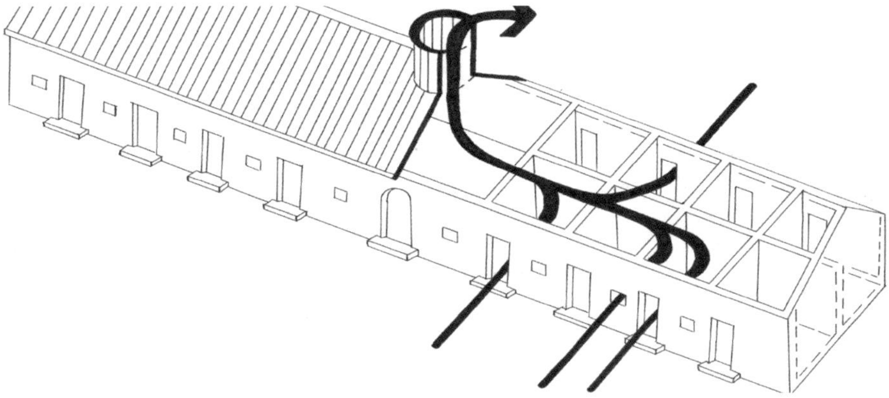

파빌리온 병원 개념

병원은 수도원이나 교회 근처보다는 깨끗한 공기를 호흡할 수 있는 숲속의 조용한 장소에 지어졌습니다. 당시 건축가들은 신선한 공기와 환기를 제공하는 것을 병원설계의 가장 중요한 조건으로 생각하였습니다(Dieter Schiffczyk 박사학위 논문).

테라스형 병원 -
햇빛으로 치유하다

20세기 초의 연구에 따라 수술 후 환자가 햇볕을 많이 쬐면 회복이 빨라지고, 많은 질병을 햇빛으로 치유할 수 있다고 사람들은 생각했습니다. 이에 따라 병원건축은 또 다른 변화를 맞게 됩니다.

병실의 환자들이 햇볕을 많이 쬘 수 있도록 병실 밖에 테라스를 설치하고 환자들이 침대와 함께 밖으로 나올 수 있도록 하였습니다.

테라스형 병원(그림 배수현)

치유의 광선인 자외선이 유리를 통과하지 못하기 때문에 직접 테라스에서 채광을 받을 수 있도록 한 것입니다. 1인 병실이나 4인, 8인 병실에 차이 없이 모든 침대를 창가에 배치한 것이 흥미롭습니다.

1933년까지 알려진 바에 따르면 165가지가 넘는 질병에 대해 햇빛이 유익한 치료효과를 나타냈다고 합니다. 안드리아 모리츠는 햇빛이 인류에게 주어진 질병 치유의 선물이라고 주장합니다.

테라스 형 병원은 당시 초기 콘크리트 기술이 쉽게 해결하기 어려운 켄틀레버 구조를 적용해야 하는 의미에서 건축과 의학의 만남의 적극적인 사례가 됩니다. 건축물 자체가 환자들에게 햇빛이라는 돌봄을 제공합니다.

"켄틀레버 구조란 한쪽 끝이 고정되고 다른 끝은 받혀지지 않는 상태의 구조를 의미하며 현관 차양, 발코니 등에 많이 사용됩니다"(네이버 백과).

근대 병원 -
몸을 치료하는 공장

1930년대 유럽에서는 병원의 재원기간이 짧아짐에 따라 병원이 점점 컴팩트해져 갑니다. 이전에 유행하였던 파빌리온식 병원의 동선이 너무 길다는 비판과 함께 지금까지의 치료보다는 수용 위주의 병원에서 점차 의료기술과 장비가 발전되면서 합리적인 병원 경영의 욕구가 증가하게 됩니다. 이에 병원에서는 의사와 간호사의 동선을 연구하여 효율적으로 병원을 짓되 불필요한 동선을 줄이기 위해서 병원을 점점 콤팩트하게 짓는 방안을 연구합니다. 그 연구결과 병동에 2개의 복도를 두고 가운데 간호 부속실을 배치하는 방식이 간호사의 동선을 가장 짧게 할 수 있다고 생각했습니다. 이렇게 지어진 병동이 이중복도형 병동입니다. 최초로 1960년대 초에 네델란드 로테르담 병원에서 시도 됐다고 알고 있습니다.

이중복도형 병동부는 현재 우리나라 병원들에 대부분 적용되고 있는 병동 형태입니다. 이는 우리가 사용하는 병동 디자인이 짧은 동선의 가치를 가장 중요시하는 철학에서 나왔다는 것을 의미합니다. 참고로 현재 우리가 익숙하게 사용하고 있는 병원, 주택, 학교, 사무실 등의 건물에는 이와 같이 우리가 잘 모르는 그 시대의 가치가 숨겨져 있습니다.

그러나 동선을 중요시하는 컴팩트한 병원의 가장 큰 단점은 병원을 점점 공장과 같은 시스템을 강조하는 환경으로 바꾸어 놓는 데 있습니다. 빛이 들지 않은 복도, 환자의 심리적인 욕구는 고려하지 않은 분위기 등이 정말 환자를 돌보는 공간으로 올바른지에 대한 비판이 쏟아지기 시작합니다. 병원을 경영자, 의사, 간호사의 입장에서만 바라본다는 지적은 병동부 설계에 대한 새로운 변화를 요구하게 됩니다. 이에 환자 중심적인 병원, 이용자 경험을 중시하는 병원 등의 환자 가치를 중요시하는 개념이 주장되기 시작합니다. 근대는 건축이 환자를 돌본다는 돌봄의 개념이 가장 미흡한 시기라고 해도 과언이 아닙니다.

근대 이후 서양의학에서는 질병을 단순한 육체의 문제만으로 생각하고 몸의 이상을 치료하기 위한 컴팩트하고 기능적인 공장과 같은 병원을 건립합니다. 아픈 환자를 마치 공장과 같은 기계 시스템의 환경에서 치료한다는 발상을 보면 근대사상에는 분명 인간을 잘못 해석한 부분이 있습니다. 예를 들어 사례 병원 복도에는 자연 채광이 전혀 들어오지 않습니다. 이렇게 근대병원은 자연과의 흐름이 단절된 자폐적 공간으로 전락해 버립니다.

아픈 사람을 위한 공간이 의료를 제공하는 입장에서 보면 의사나 간호사가 편리해야 한다는 것에는 누구나가 동의할 것입니다. 다만 의료진만이 환자를 돕고 환경이 환자에게 도움을 주지 않는다는 생

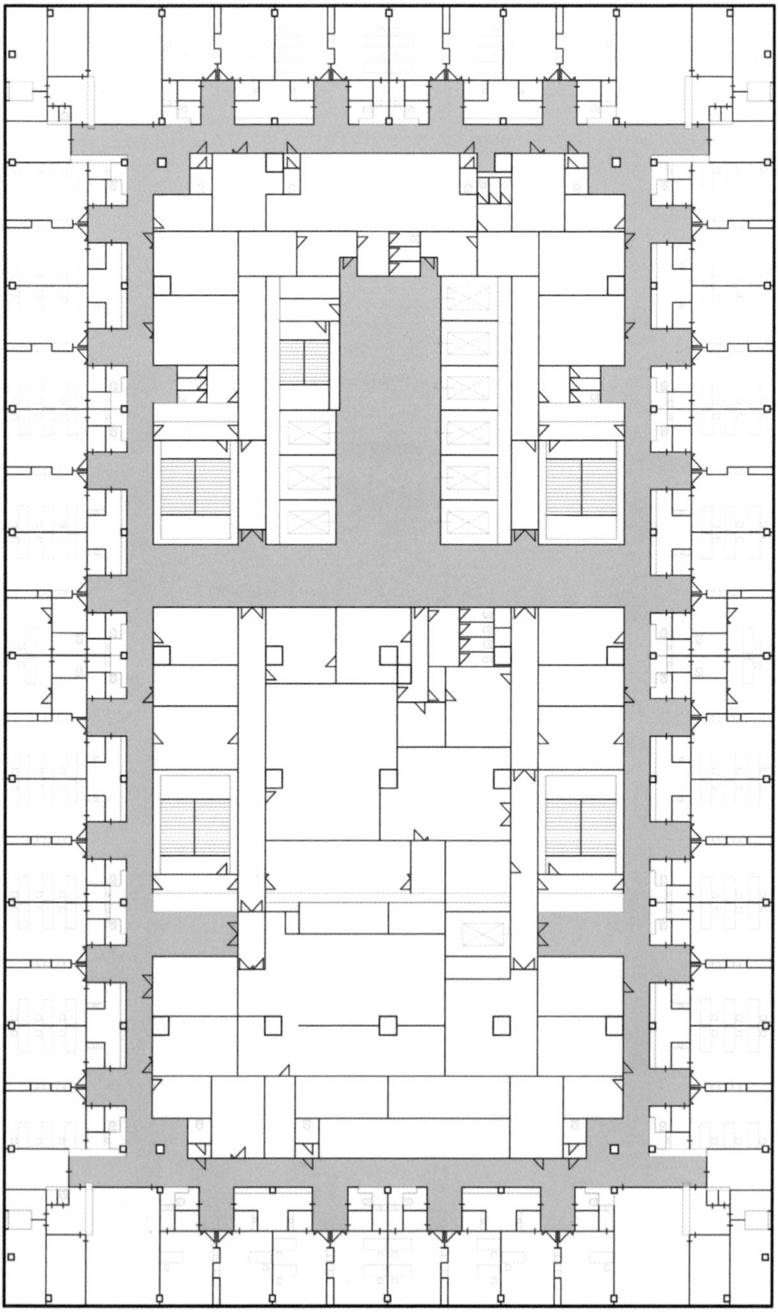

콤팩트 한 근대병원 평면 사례 (비엔나 대학병원)

각은 극히 근대적인 사고방식에서 출발합니다. 질병이란 단순히 육체의 문제라고 해석하여 정신과 마음, 그리고 영혼을 다룬다는 전인적인 가치에는 별로 관심을 갖지 않은 시대입니다. 근대 사상은 과학적으로 확인되지 않은 영역에 대해서는 눈을 감아 버린다는 사고의 한계를 갖습니다.

Green Hospital -
푸른 식물로 치유하다

1984년 울리히(Ulrich)는 병실에서 나무를 보는 환자와 벽돌벽을 보는 환자의 재원기간을 비교해 본 결과 나무를 보는 입원환자의 재원기간이 하루가 짧다는 연구결과를 발표했습니다. 그의 연구에 따르면 나무를 보는 환자는 재원기간 뿐 아니라 합병증도 적고, 진통제의 강도도 적은 것으로 밝혀졌습니다. 병실에서 환자가 나무를 볼 수 있다는 것만으로도 환자의 고통이 줄고 수술 후 부작용도 준다는 것입니다. 이는 환경적인 차이가 환자의 회복에 영향을 준다는 매우 중요한 연구라고 할 수 있습니다.

이 연구결과에 따라 병원건축이 크게 바뀌고 있습니다. 예를 들어 싱가포르의 쿠텍푸아트 병원의 경우 나무뿐만 아니라 물소리, 나비, 향기 등 다양한 자연의 감각자극들이 병원에 도입되었고 병실 발코니에는 plant box가 설치되어 병실에서 나무를 볼 수 있도록 합니다. 비록 비용이 많이 들어감에도 불구하고 환자의 고통을 줄이려는 이러한 노력은 환자에 대한 깊은 애정이라고 저는 생각합니다.

Green Hospital
(싱가폴 Ng Teng Fong 병원)▶

푸른 식물이 환자 회복에 도움을 준다는 생각은 지금으로부터 약 1000년 전 중세시대에 독일의 수녀 힐데가르트의 주장한 내용입니다.

힐데가르트는 이미 중세에 초록생명이 갖는 치유의 힘을 확신하였는데, 이는 중세부터 근대 이전까지 의학의 기반이 될 정도로 중요한 의미를 갖게 됩니다. 이후 병원건축의 역사는 정원의 역사와 함께하게 됩니다. 오늘날에는 병실에서 정원이나 나무가 보이는 병원을 '그린 호스피탈'이라고 부릅니다. 싱가포르 외에도 많은 나라의 병원들이 자연의 푸른 생명인 나무를 병원건축에 도입하는 노력을 하고 있습니다.

비록 힐데가르트는 기도와 직관으로 푸른 생명의 치유 역할을 깨달았지만, 오늘날에 와서 그 의미가 과학적으로 입증됨으로써 자연을 상대적으로 도외시한 근대정신의 왜곡성이 비판받게 됩니다. 인간의 정신을 강조한 근대의 인간 중심 사상은 우리에게 진화로 우연히 주어진 자연이란 존재에 상대적으로 큰 의미를 부여하지 않았기 때문입니다.

Sensory Stimulation Design -
감각자극으로 치유하다

정신신경 면역학의 연구에 따르면 스트레스에 의한 감정은 인간 면역체계에 영향을 주어 환자의 면역 기능을 저하시킨다고 합니다. 인간의 뇌는 오른쪽 뇌와 왼쪽 뇌가 있는데 왼쪽 뇌는 논리적이고 언어적인 기능을 담당하고 오른쪽 뇌는 감정적이고 감각과 관련된 기능을 담당합니다. 독일 실내 건축가 안트예 몬쯔(Antje Monz)는 정신신경 면역학의 이론에 따라 인간의 감정에 영향을 미치는 오감, 즉 시각, 청각, 후각, 촉각, 미각에 초점을 맞추어서, 부정적인 감각자극이 질병을 유발시킨다면 오히려 역으로 오른쪽 뇌에 긍정적인 감각자극을 주면 환자의 건강을 증진 시킬 수 있다고 주장합니다.

Ruzica Bozovic-Stamenovic 박사는 이를 감각자극 디자인(Sensory Stimulation Design)이라고 불렀습니다. 감각자극을 통하여 인간의 기분과 감정에 긍정적인 영향을 주는 건축을 그녀는 치유의 건축(Healing Building)이라고 부릅니다. 좋은 디자인이 치유의 역할을 할 수 있다는 주장에 따라 '공간이 사람을 치유한다(Spaces can heal), 치유하는 디자인'(design that cares) 등의 새로운 용어들이 사용되게 됩니다.

예를 들어 시각자극 디자인에는 빛, 자연조망, 색채, 가정과 같은 분위기(homelikeness), 청각자극 디자인은 음악, 자연의 소리 (물소리, 비 오는 소리, 새소리, 나뭇잎 바람 소리 등), 소음을 제거하는 디자인, 후각자극 디자인은 아로마 요법, 맛있는 냄새, 식물, 꽃, 나무 등 자연의 냄새, 촉각자극 디자인은 가족과의 접촉, 자연과의 접촉, 따뜻하고 부드러운 질감, 시각적인 촉각 등을 들 수 있습니다.

감각에는 긍정적인 자극을 주는 것과 부정적인 자극을 주는 것이 있습니다. 좋은 자극뿐만 아니라 부정적인 자극 요소를 제거해 주는 것도 감각자극 디자인의 영역에 해당됩니다. 특히 시각자극에 해당되는 색채는 이미 고대 이집트 시대부터 환자 치료에 도움을 주는 것으로 알려져 왔습니다. 고대 이집트의 무당들은 정신이나 신체의 질병을 치료하기 위하여 색채를 사용하였고 그리스의 철학자 피타고라스는 기원전 500년 전에 색채를 치유에 사용하였다고 합니다(Monz).

앞에서 언급한 것과 같이 치료는 의학적인 수단을 통하여 질병을 건강한 상태로 회복시켜주는 의미로 사용되는 반면 치유는 의학적인 수단 외에 환경적, 심리적, 사회적, 문화적 지원을 통해 건강에 접근해 가는 방법을 의미합니다. 따라서 치유의 개념은 질병의 회복 분만 아니라 질병 예방과 건강 증진까지 그 범위를 확대하여 해석할 수 있습니다.

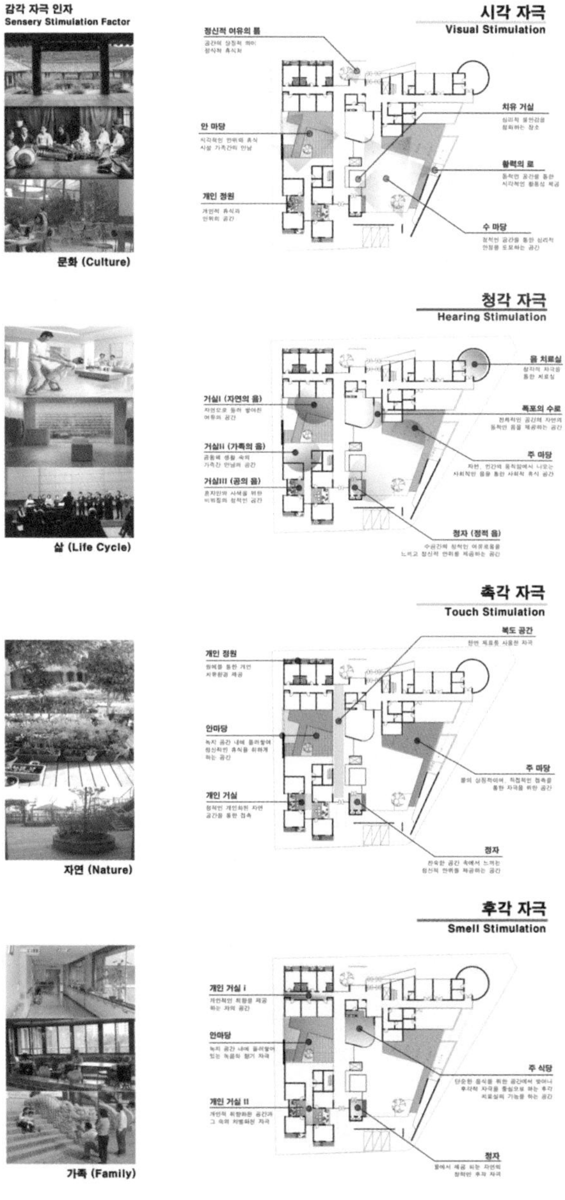

노인시설을 위한 감각자극 디자인 설계 사례

제 1회 한국의료복지건축학회 공모작 대상작, 조준영, 손지혜

The Temple of Healing -
예술로 치유하다

최근 국내병원에서는 예술품을 적극적으로 전시하는 추세입니다. 단순히 병원 복도나 로비에 예술작품을 전시하는 소극적인 방법에서 별도의 미술 전시공간을 확보하는 방안까지 다양한 시도가 이루어지고 있습니다.

대부분이 딱딱하고 기능적인 병원 분위기를 부드럽게 바꾸고 환자의 질병뿐만 아니라 마음까지도 치료하는 공간으로 활용한다는 의도로 설명합니다. 재미있는 것은 기원전 그리스의 신전인 아스클레피온의 개념인 마음을 치료한다는 생각이 오늘날에 와서 재현되고 있다는 점입니다. 기원전 그리스인들이 질병을 정의하는 방식을 현대와 같이 의학이 발전한 시대에 다시 조명한다는 것이 다소 아이러니합니다. 그런데 여기서 궁금한 것은 정말 예술이 환자의 치유에 도움이 되는 가입니다. 예술의 어떤 기능이 환자치유에 도움을 얼마나 줄 수 있을까요? '예술이란 무엇이고 모든 예술이 환자에게 도움을 줄 수 있는가'라는 질문을 던질 수 있습니다.

오원식은 원시적인 제의부터 인간은 예술을 통해 우주와 연결되고 그 힘으로 질병을 물리쳐왔다고 주장합니다(오원식, 예술치유 이야기). 원시인들이 보이지 않는 세계와 접속하고 싶을 때 노래나 무용,

화장, 분장 등 특별한 예술적인 표현을 도입했다는 말입니다. 즉 신에게 무엇을 해달라고 간구하는 것, 그것이 노래이고, 무용이고, 특별한 분위기의 연출이 예술의 기원이 되었다는 주장입니다.

예술이라는 뜻의 영어 Art의 원래 의미는 '우주의 원칙이 맞추어 연결하다'라고 합니다. 예술에 해당되는 고대 그리스어는 테크네인데, '테크네'는 '기술'로도 번역하는데 본래 의미 또한 '연결하다' 입니다(배철현, 인간의 위대한 여정).

배철현 교수는 인류가 예술을 통해 사후세계와 동물세계를 넘나드는 영적인 존재로 거듭났다고 주장합니다. 인간은 보이지 않는 세계를 상상하고 물질을 통해 그것을 구현하기 시작한 것입니다. 그는 인간의 창의성이 발현된 최초의 예술품은 조각이었다고 주장합니다.

이런 관점에서 보면 병원에 전시된 예술은 아주 특별한 의미를 갖습니다. 예술은 영적인 존재인 인간을 사후세계, 즉 영원한 세계와 연결해 주는 통로이며 수단이 되기 때문입니다. 예술은 인간의 인간다움(영적인 존재)을 발견하는 자기 내면의 소리에 귀를 기울이게 하며 우주와 연결하는 역할을 합니다. 즉 영원을 사모하는 영적 존재인 인간에게 절실하게 필요한 것이 예술입니다. 이것이 실존의 탄식, 절규로부터 벗어나려는 치유가 필요한 시대에 예술이 절실한 이유입니다.

예술은 궁극적으로 재현이나 자기표현이기에 앞서 인간에게 '영혼이 존재한다는 것'을 보여 주는 행위입니다.

예술가 마크 로스크는 자신의 작품 전시공간을 미술관이라고 하지 않고 '치유의 신전'(the temple of healing)이라고 이름을 붙였습니다. 그의 작품은 예술을 통하여 영원으로 회귀하고 싶은 인간의 근원적인 모습을 보여 줍니다. 그의 작품 앞에서 관람자는 명상과 침묵으로 작품과 소통하는 것을 볼 수 있습니다. 이는 마치 신전에서 영원의 세계와 소통하려는 인간의 영적인 모습과 흡사하여 왜 이 공간이 미술관이 아니라 치유의 신전인지를 이해할 수 있게 합니다.

영국의 신경과학 분야의 뇌 전문가인 세미르 제키(Semir Zeki)는 사람들이 아름다운 예술품을 관람할 때 뇌의 변화를 스캔하여 연구한 결과, 예술을 볼 때 뇌에서 도파민이 바로 배출된다는 사실을 발견하였습니다. 도파민은 사람이 사랑의 감정을 가질 때 나오는 화학물질로 염려나 두려움을 제거해 주는 역할을 합니다. 또한, 면역력을 길러주고, 수면을 잘 취할 수 있도록 도와주며, 혈압을 낮추어 주는 기능도 갖는다고 합니다. 도파민은 또한 이웃과 좋은 관계를 맺게 해주고 행복한 마음을 주는 역할을 합니다. 의료시설의 출입구에 아름다운 정원과 함께 예술작품이 전시되어 있다면 방문객이 긴장을 풀고 훨씬 평안한 마음으로 병원을 찾을 수 있다고 해석할 수 있습니다.

여기서 예술을 관람하는 예술치유와 예술 작업에 직접 참여하는 방식의 예술치유에는 큰 차이가 있습니다. 김익진은 예술에 직접 참여하는 것은 예술 경험을 통하여 갇혀있는 자유를 얻을 수 있다고 주장합니다. 예술은 인간만이 소유하고 있는 상상 능력, 생각에 대해 생각할 수 있는 능력, 경험과 생각을 공유할 수 있는 무한한 능력을 배양하기 때문입니다(김익진, 적정인문학으로서의 인문치료). 병원에 치유의 일환으로 진행하는 예술치유는 돌봄의 공간이라는 주제와 다소 벗어남으로 여기서는 공간에 전시된 예술작품의 치유 효과에 대해서만 언급하겠습니다.

또 다른 질문은 모든 예술작품이 치유효과를 갖는지에 대한 것입니다. 양준호는 문헌조사를 통하여 예술작품 중에서도 자연과 관련된 주제의 작품, 추상보다는 구상적인 작품이 치유효과가 있다고 주장합니다. 아프거나 건강으로 인하여 스트레스를 받는 일부 환자들이 추상적인 예술에 편안해하지 않는 반응을 보여 주기 때문입니다(Lankston L 외). 또한, 치유목적을 위해서는 예술을 전시하는 위치가 중요한데, 이상적인 것은 병원 출입구 근처에 정원과 함께한 전시한 조각 작품이 효과가 있다고 합니다(양준호).

현대인은 영혼을 잃었으며

다시 영혼을 불러일으킬 수 있는 것은 예술밖에 없다.

- 칸딘스키 -

Patient Walking Hospital -
걷기로 치유하다

치유란 인간을 둘러싼 전체적인 요소들에 아픔이 생긴 것이 온전해지는 결과를 의미하며, Gatrell은 장소뿐만 아니라 이동(movement) 역시 치유의 힘이 있음을 주장합니다(2017, 박향기). 기존의 장소 위주의 치유환경 개념과 다른 이동의 치유적인 효과(치유적 mobility)에 관한 주장입니다.

2017년 호주에서는 걷는 시간이 많은(하루 8,800보 이상) 사람일수록 병원에 입원하는 시간이 줄어들었고, 병원에 입원한 환자들이 걷는 것은 고령환자의 입원기간을 줄일 수 있다는 연구가 발표되었습니다. 특히 영국, 유럽 및 호주의 공동연구에서 운동 프로그램에 참여한 환자들의 입원 기간이 평균 2일 단축되었다는 연구결과가 있습니다(R. Mccullagh 외, Physiological Measurement).

병원에 입원한 환자가 병상에 누워있는 것은 건강회복에 도움이 되지 않는다고 전문가들은 이구동성으로 주장합니다. 이에 병원 내에 둘레 길을 만드는 제안이 시도되고 있습니다. 환자를 자발적으로 걷게 하기 위해서 자연, 도시, 조망 등 다양한 조건이 필요합니다. 이스라엘의 연구에 따르면 입원 중 노인환자가 병동을 돌아다니면 병상에 누워있는 환자보다 입원기간을 평균 1.5일을 줄일 수 있다고 합니다. 걷기를 통한 치유를 위하여 병원 둘레 길을 제안하고 있습니다. 그러나 재미없고 무미건조한 복도는 이러한 걷기의 행동을 유발하지 못할 것입니다. 반면에 복도에서 외부를 조망할 수 있는 큰 창이 있거나 예술품이 있는 복도는 환자에게 흥미를 유발해 복도에 나올 수 있도록 유도할 수 있습니다.

잘못된 복도는 방향감각을 찾는데 어려움을 주기도 합니다, 몬쯔는 방향감을 상실하는 것은 분노, 스트레스, 공포를 야기할 수 있다고 주장합니다. 따라서 복도를 동일하지 않고 특징을 부여하는 것이 중요하다고 강조합니다.

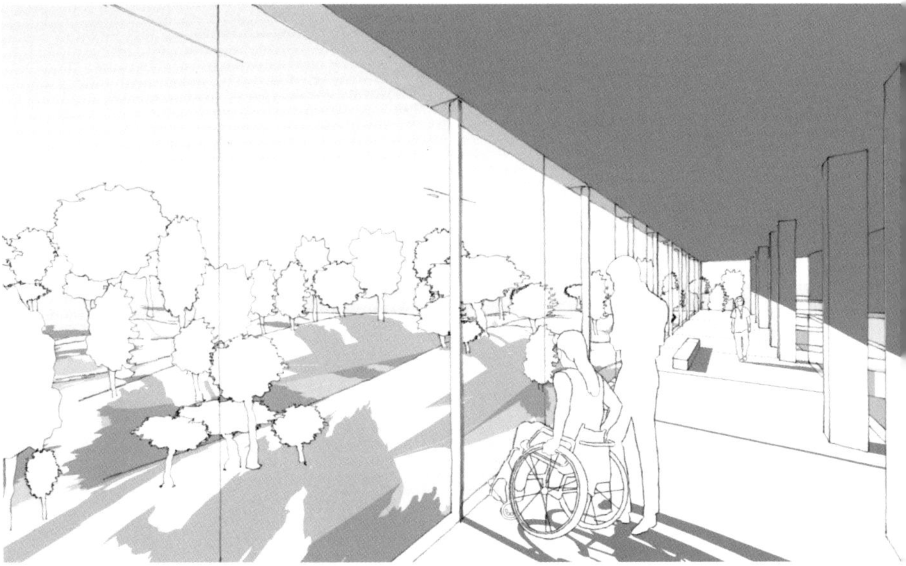

병동 내부 둘레길 (바로셀로나 Mollet 병원, 그림 배수현)

그림은 스페인 Mollet 병원의 병동에 설치된 걷는 길로 밖으로는 자연 조망과 함께 광장이 보이고 환자들이 산책하고 걷는 공간입니다. 또 다른 사진은 마드리드의 카를로스 대학병원 병동부 사례로 중정이 보이는 병동에 환자들이 걸을 수 있는 갓 복도를 제공하고 있습니다.

병원에서의 산책로는 이미 기원전 그리스 시대에 환자의 마음을 치유하기 위하여 신전 내에 편하게 걷고 생각에 잠길 수 있는 사례가 있습니다. 우리가 잘 알고 있는 그리스의 의사 히포크라테스는 '걷기는 인간에게 가장 좋은 약이다'라는 유명한 말을 남겼습니다.

맺음말

인류는 오래전부터 아픈 사람들을 치유하는 건축공간에 대해 깊이 고민해 왔습니다. 마음을 치유하는 공간, 영혼을 치유하는 공간, 신선한 공기로 치유하는 공간, 햇빛으로 치유하는 공간, 식물로 치유하는 공간, 예술로 치유하는 공간, 오감으로 치유하는 공간, 걷기로 치유하는 공간 등 환자의 질병 치유에 도움을 주는 다양한 공간을 제안해 왔습니다. 역사적으로 보면 병원건축은 근대의 병원을 제외하고는 항상 질병 회복의 직접적인 도구로 디자인되었음을 알 수 있습니다. 환자를 돌보는 개념이 항상 건축물 안에 기본적으로 담겨 있었습니다.

이러한 치유 건축의 역사를 저는 '건축과 의학의 만남'의 역사라고 부릅니다. 오늘날의 시각에서 보면 과거 치유를 위한 몇몇 노력들은 다소 비과학적으로 보일 수도 있겠지만 시대마다 그 시대의 질병에 대한 정의와 지식에 맞게 건축가들이 치유공간을 창의적으로 제안한 것에 대해서는 깊은 경의를 표하고 싶습니다. 건축은 이렇게 역사적으로 의학의 동반자 역할을 해왔습니다.

그러나 기능에 집착한 근대 병원은 환자를 치유하는 환경조건을 고려하지 않고 효율성과 기능성을 특별히 강조함으로써 병원건축은 대표적인 기능적 건물이라는 잘못된 인식을 심어 주었습니다. 즉 근

Patient Walking Hospital
(마드리드 Rey Juan Carlos 병원)

병원에 입원한 환자가 병상에 누워있는 것은 건강회복에 도움이 되지 않는다고 합니다. 이에 최근에는 병원 내에 환자가 걸을 수 있는 둘레 길이 제안되고 있습니다.

병원 내 산보 공간

환자를 자발적으로 걷게 하려면 자연, 조망, 도시 등 다양한 조건이 필요합니다. 재미없고 무미건조한 복도는 이러한 걷기 행동을 유발시키지 못할 것입니다(그림 에이텍 건축 제공)

대건축은 돌봄이 상실된 건축이 되어 버렸습니다. 그 결과 근대의 병원 역시 자연과의 흐름이 단절된 자폐적 공간으로 전락해 버립니다.

기능이란 요소 간의 상호 작용 또는 작동이라는 관점에서 대상을 파악한다는 전제를 내포합니다. 즉 건축에 있어서 기능의 의미는 사

물의 실체를 의미하는 것이 아닙니다. 기능적 사고는 사물이 갖는 작용이나 요소 간의 상호 작용이라는 개념으로 병원건축을 근본적으로 짓는 이유, 즉 실체에 대한 존재의 스토리를 담아내지 못합니다.

"내가... 병들었을 때에 돌보았고...

너희가 여기 지극히 작은 자 하나에게 한 것이

곧 내게 한 것이라."

- 마태복음 25:36, 40 -

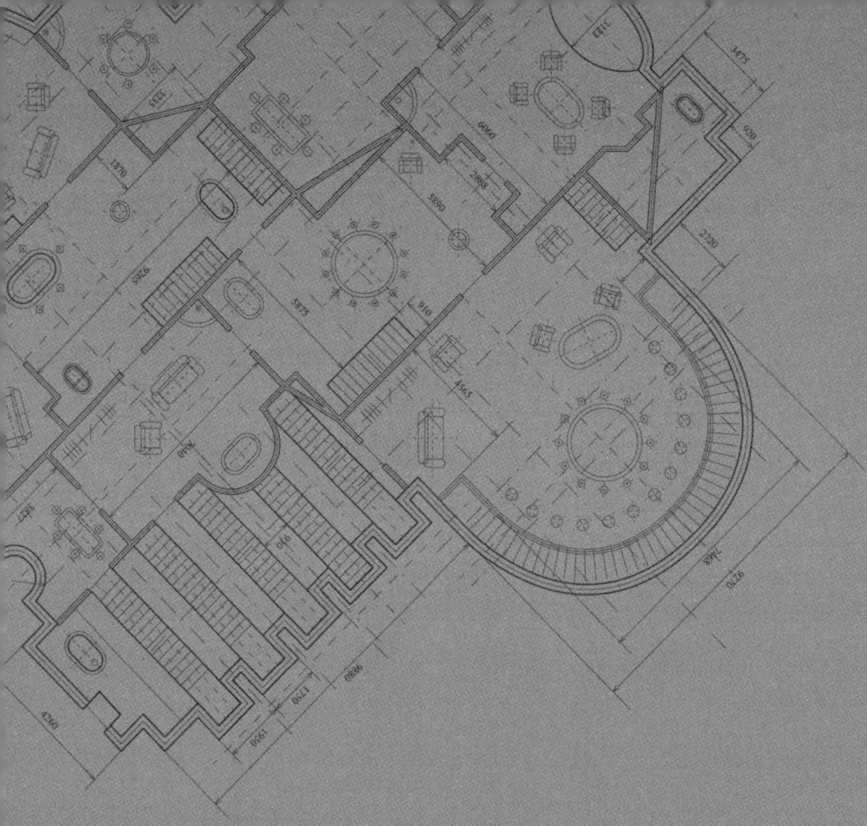

chapter 04

영혼을 상실한 시대

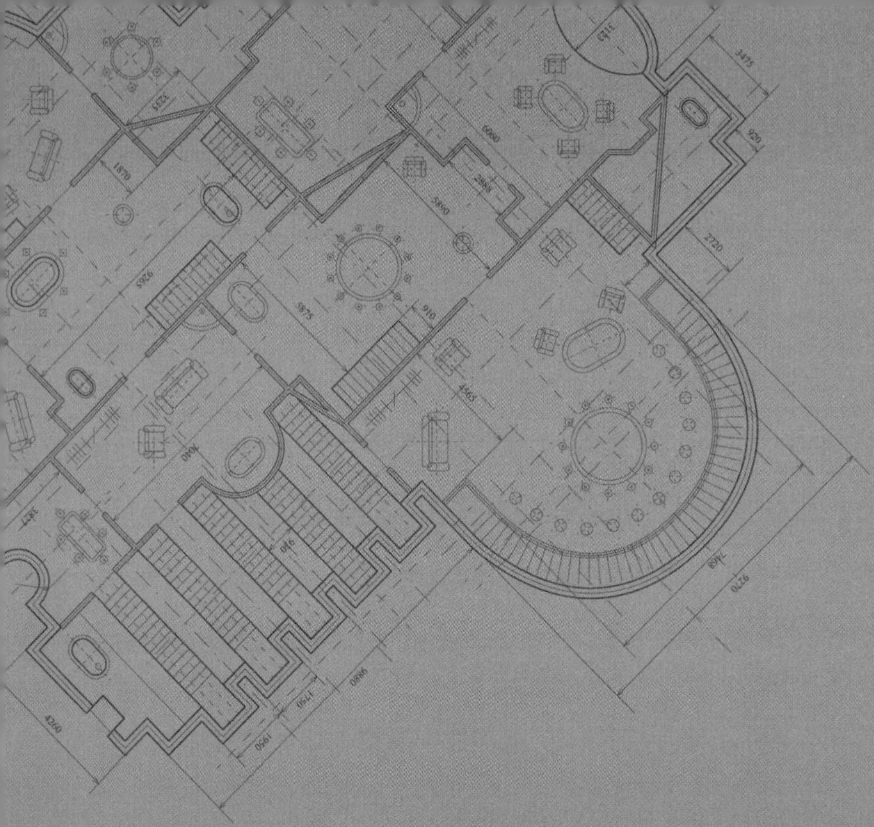

노르웨이 출신의 화가 에드바르 뭉크의 대표 작품 '절규'에 대해 모르는 사람은 거의 없을 것입니다. 그는 삶과 죽음에 대해 극적이고 내면적인 그림을 그린 근대 화가로 유명합니다. 그가 다섯 살 때 어머니가 폐결핵으로 죽었고, 14살 때 누나 역시 폐결핵으로 죽었습니다. 아버지, 여동생마저도 뭉크가 성인이 되기 전에 모두 사별했습니다. 뭉크가 그린 그림의 제목은 '절규', '병든 아이', '병실에서의 죽음' 등과 같이 대부분 어둡고 희망 없는 내용에 관한 것들입니다.

그의 일상을 둘러싸고 있는 죽음이 주는 절망을 뭉크는 다음과 같이 토로합니다.

"나의 삶은 죽음과 함께한다. 여동생, 어머니, 할아버지, 아버지, 그들은 죽고 스스로를 죽였고 모든 것이 그렇게 끝났다. 왜 사는 것인가?"

- 박홍순, 지적 공감을 위한 서양 미술사 -

절망에 빠진 인간 실존의 모습은 그의 자화상에도 잘 표현되어 있습니다. 자화상에서 뭉크는 깊은 내면에서 오는 절망이라는 병을 감당하지 못한 희망 없는 자신의 모습을 그립니다.

절규 (에드바르 뭉크)

뭉크의 절규는 어쩌면 근대라는 시대가 낳은 절규이고, 절망과 비참에 빠진 바로 우리 시대의 탄식, 신음소리가 아닐까요? 명화에는 그 시대 사람들의 모습 또는 그들이 추구하는 세계관이 담겨있다고 합니다. 이런 면에서 저는 뭉크의 절규는 개인적인 절규가 아니라 오히려 우리 시대의 절규라고 생각합니다.

병든 아이,
병실에서의 죽음
(에드바르 뭉크)

죽음에 이르는 병을 자각한다는 것은 우주적인 무한과 허무 앞에서 스스로 어떻게 할 수 없는 불안과 절망에 처한다는 것입니다(김형석).

자화상 (에드바르 뭉크)

절망에 빠진 인간 실존의 모습은 그의 자화상에도 잘 표현되어 있습니다. 자화상에서 뭉크는 깊은 내면에서 오는 절망이라는 병을 감당하지 못한, 희망 없는 자신의 모습을 그립니다.

뭉크는 1863년에 태어나 20세기 중반인 1944년까지 생존했습니다. 이로부터 약 1000년 전 유럽의 병원 오뗄 듀(하나님의 숙박소)에 입원한 환자들은 비록 뭉크가 살았던 20세기보다 의학적으로는 매우 낮은 수준의 치료를 받았음에도 불구하고, 영혼을 하나님께 맡기고 부활의 확신과 평온한 마음으로 죽음을 맞이하였습니다. 마치 희망 없이 광야에서 방황하던 야곱이 하나님을 만난 후, 그와 평생 함께하신다는 약속의 말씀에 모든 절망을 떨쳐냈던 것처럼 하나님의 집 '벧엘'에 입원한 환자들은 평온하게 죽음을 맞이한 것입니다.

명화에는 그 시대 사람들의 모습 또는 그들이 추구하는 세계관이 담겨 있다고 합니다(김은진). 이런 면에서 저는 뭉크의 절규는 개인적인 절규가 아니라 오히려 그 시대의 절규라고 생각합니다.

김형석 교수는 죽음에 대한 인간 실존을 다음과 같이 묘사합니다.

죽음에 이르는 병을 자각한다는 것은

우주적인 무한과 허무 앞에서

스스로 어떻게 할 수 없는

불안과 절망에 처한다는 것이다.

나 자신을 무한이나 영원 앞에 서게 했을 때

내 영혼과 정신에 찾아 드는

절망과 비참에 대한 자각이 곧 그것이다...

- 김형석, 그리스도인에게 왜 인문학이 필요한가 -

우리는 뭉크가 심한 정신병을 앓았다고 기억합니다만, 이 정신병은 개인적인 문제이기 전에 근대라는 시대 상황이 만든 결과물로 볼 수도 있습니다. 뭉크는 절망과 비참, 즉 죽음에 이르는 병을 스스로 자각한 것입니다. 뭉크의 절규는 어쩌면 바로 근대라는 시대가 낳은 절규이고, 절망과 비참에 빠진 바로 우리 시대의 탄식, 신음소리가 아닐까요? 자료에 따르면 우리나라 성인 535만 명이 우울증 고위험증을 앓고 있다고 합니다. 이 통계는 우리가 살고 있는 시대가 그만큼 정신적으로 불안하고 방향을 잃은, 즉 무언가 중요한 것이 결여되었음을 말해 줍니다.

철학자 한병철은 시대마다 그 시대의 고유한 질병이 있었는데, 21세기는 병리학적으로 박테리아나 바이러스와 같은 외부 요인에 의해서 질병이 발생하는 것이 아니라 우울증, 주의력 결핍, 과잉행동 장애, 소진 증후군과 같이 질병이 인간 자신 내부에서 발생하는 시대라고 주장합니다. 오늘날의 질병이 외부 요인에서 발생하는 것이 아니라 인간의 내부에서 발생하는 시대이기 때문에 치유가 절실히 필요한 시대이며, 우울증은 자기 자신과 전쟁을 벌이고 있다는 것입니다

(한병철, 피로사회).

근대는 주체의 시대입니다. 즉 '나'라는 단어가 근대를 표현하는 가장 중요한 핵심어입니다. "'나는 생각한다, 고로 나는 존재 한다" 에 인간 존재의 기반을 두고 있는 시대입니다. 당연히 여기에는 초월적인 세계가 함께할 여지가 없습니다. 그런 '나'가 바로 질병의 원인이라면 근대의 사상은 뭔가 크게 잘못된 결과를 가져다준 것이 됩니다. 즉 인간을 세계의 중심에 놓은 서양의 근대정신은 그 한계에 부딪히게 된 것입니다.

초월성을 배제하고 인간 이성을 강조했던 르네상스 사상은 당시 중세의 왜곡된 세계관을 깨뜨리는 역할을 하였지만 결국 인간을 이성이라는 또 다른 한정된 세계 안에 고립시켜버렸습니다.

치료가 약이나 주사, 수술과 같이 의료를 제공하는 행위를 의미한다면 치유는 자신의 내면적인 면역력으로 병을 이겨내는 것을 의미합니다. 오늘날 질병이 본인 내부에서 발생하기 때문에 그 어떤 사람도, 그 어떤 것도 우리를 대신해서 치료해 줄 수 없고 오직 스스로만이 자신을 치유할 수 있습니다.

치유라는 단어가 오늘날만큼 흔히 쓰이는 시대도 없었던 것 같습니다. 시(詩)치유, 웃음치유, 음악치유, 미술치유, 예술치유, 기(氣)치

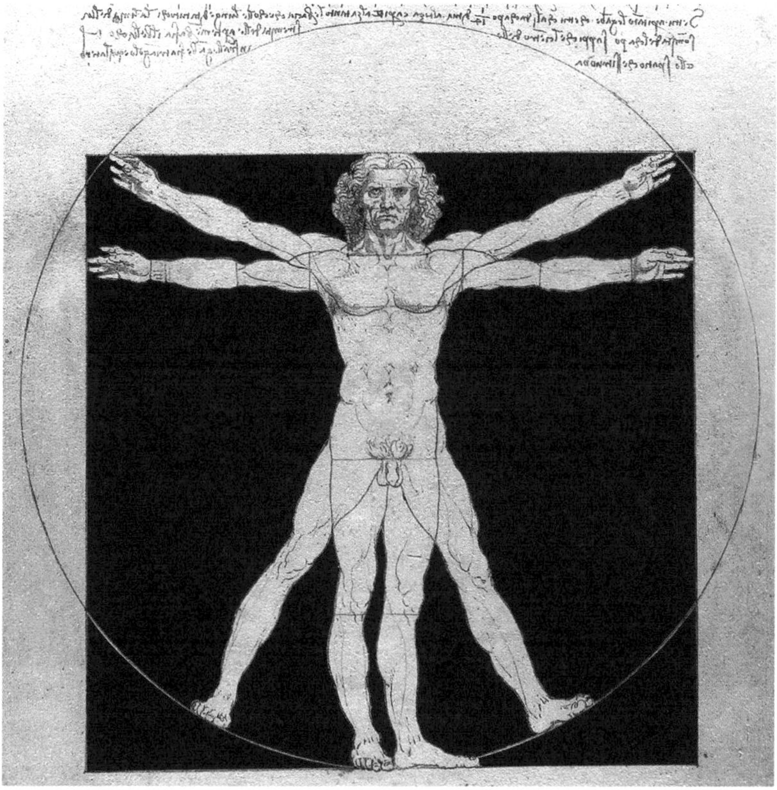

인간은 만물의 척도 (레오나르도 다빈치)

르네상스 사상은 결국 인간을 이성이라는 또 다른 한정된 세계
(그림의 검은색) 안에 고립시켜 버립니다.

유, 원예치유, 자연치유, 음식치유, 명상치유, 독서치유, 산림치유, 연극치유, 침묵치유 그리고 힐링 캠프까지... 이렇게 치유라는 단어가 넘쳐난다는 것은 우리 사회가 그만큼 불안하고 갈 방향을 잃은 병든 사회라는 것을 암시해 줍니다. 우리 사회는 무언가를 크게 잃어버린 시대입니다. 그것이 무엇일까요?

한병철은 현대 사회의 가장 큰 특징을 불안이라고 진단합니다. 현대 사회는 성과를 추구하는 사회로, 자기 자신이 스스로를 혹사하는 과잉활동으로 특징 지워지며, 이런 과잉활동의 히스테리는 바로 극단적으로 허무해진 삶, 벌거벗은 생명에 대한 반응이라는 것입니다. 이런 과잉활동은 결국 극단적인 피로와 탈진을 불러일으키고 그 결과 영혼이 경색됩니다(한병철, 피로사회).

그는 활동과잉이란 결국 정신적인 탈진 증상일 뿐이며, 이를 해결하기 위해 인간 본연의 존재를 관조하는 사색적인 삶으로 돌아갈 것을 권고합니다. 여기서 인간 본연의 존재를 관조한다는 것은 인간다움이 무엇인지에 대한 근본적인 질문에 해당됩니다.

세르방-슈레베르 역시 지난 반세기 동안 서구사회에서 우울증 발병률이 급증한 이유 중의 하나가 바로 불안이라고 진단합니다. 오늘날 인간은 개인주의적인 자기계발의 가치가 중시되는 시대에 살고 있고, 이에 따라 개인의 독립심, 자유, 자기표현이 가장 위대한 삶의 가치가 되고 있으며, 또한 남과 차별화된 나를 발견하려는 개별화 과정은 교육의 필수적인 부분을 차지하고 있습니다. 그러나 인간은 이러한 개인의 자유와 독립을 얻는 대신 고립감, 의미 상실, 고통이라는 대가를 치러야 한다는 것입니다. 현대인은 자기 자신의 자유와 독립의 대가로 불안이라는 내면적인 아픔을 감수해야 합니다(다비드 세르방-슈레베르, 치유).

얼듯 들으면 현대인이 앓고 있는 이런 내면적인 아픔이나 불안이 개인적으로 극복하지 못하는 나약함의 문제로 비칩니다. 그러나 저는 뭉크의 절규는 인간 본연의 가장 근본적인 존재, 즉 영혼과 깊이 관련된 문제라고 생각합니다. 절규는 영혼을 상실한 현대인이 이 아픔을 절망적으로 표현하는 행위라고 생각합니다. 여기서 영혼을 상실했다는 것은 초월적인 세계와의 정신적인 관계를 잃어버림을 의미합니다. 에릭 프롬은 이를 자연세계와 나누는 무의식적인 관계의 상실로 표현했습니다. 그는 현대의 많은 질병이 자연세계와 나누는 무의식적인 관계가 상실됨으로 찾아온다고 주장합니다(Erich Fromm).

그런데 여기서 궁금한 것은 '영혼이란 도대체 무엇인가'입니다. 우리가 일상에서 자주 쓰는 단어인 영혼이란 무엇일까요? 한국 사람들은 영혼이란 단어를 보통은 두 가지 의미로 사용합니다.

영혼이란 단어에서 혼을 강조하면 존재의 핵심을 의미합니다. 이 경우 영혼은 'Soul'이라는 단어로 번역될 수 있습니다. 이 영혼은 인간뿐 아니라 동물이나 사물도 가질 수 있습니다. 인간에게는 자신의 혼, 또는 얼 등 자신만이 갖는 독특한 존재적인 특징을 의미합니다. 즉 '그것다움'을 결정하는 실체, 형상을 의미합니다.

그러나 영혼에서 영을 강조하면 초월적인 세계를 사고할 수 있는 인간만이 가진 아주 특별한 능력을 의미합니다. 성경 요한복음은

"하나님은 영(spirit)이시니 예배하는 자가 영과 진리로 예배할지니라"(God is spirit and his worshipers must worship in the Spirit and in truth, 요한복음 4장 24절)고 합니다. 하나님이 영이시기 때문에 인간도 영으로 예배해야 하는데, 인간은 창조 당시부터 하나님의 형상으로 지음 받았기 때문에 하나님의 존재적인 특징인 영의 능력을 갖는다고 성경은 말합니다.

—

예로부터 인간은 끊임없이 초월적인 세계와의 연결을 시도해 왔습니다. 이를 통해 죽음에 대한 불안과 절망, 그리고 이에 따른 본인의 비참한 모습을 벗어나려고 노력해 왔습니다. 인간 중심의 근대 사상에서 우리가 잃어버린 것은 바로 두 번째 영혼 즉 'spirit'입니다. 이 때문에 뭉크의 절규는 나약한 한 개인의 문제를 넘어 이 시대의 탄식이고 절규가 됩니다. 이 절규는 영혼 상실이라는 시대적 고통의 부르짖음입니다. 초월적인 세계에 대해 부르짖는 것은 바로 우리 영혼만이 할 수 있기 때문입니다.

—

인간이 근원으로 돌아가려는 욕구는 지금 우리 시대에 가장 간절한 내면의 소리이고 이를 저는 '영혼의 탄식'이라고 부릅니다. 마치 구약의 이스라엘 백성들이 애굽에서 고된 노동으로 인하여 탄식하는 것(출애굽기 2장 23절)과 영혼을 상실한 현대인의 탄식이 같은 의미로 연결됩니다. 애굽에서의 고된 노동과 피로사회라는 우리 시대의 과잉활동은 같은 맥락이며, 성경에서의 애굽은 하나님을 떠난 세계를 의미하기 때문입니다. 즉 피로사회의 결과로 얻어진 우울증과 같은 현대인의 정신적인 어려움은 바로 우리 시대의 절규이고 하나님을 떠난 우리 인간의 깊은 근원적 탄식으로 해석됩니다.

성경은 사람이 영을 가진 존재로 창조되었다고 말합니다(욥기 32장 8절). 이 영을 통해 인간은 하나님을 접촉하고 경배합니다만 인간 중심의 근대 사상은 이 기관에 대해 관심을 닫아 버립니다.

"사람의 속에는 영이 있고 전능자의 숨결이 사람에게 깨달음을 주시나니"(욥기 32장 8절).

21세기는 영혼의 시대입니다. 영혼이란 보이지 않는 초월적인 세계와 연결하려는 인간의 영적 존재성을 의미합니다. 근대의 영적인 부재가 인간을 병들게 합니다. 성경에서 하나님을 떠난 인간을 탕자로 비유했듯이, 영혼을 잃은 인간이 절망과 탄식에 빠진 것입니다. 성경의 탕자가 물질적 가난함으로 표현되었다면 오늘날 현대인의 모습은 영혼의 가난함으로 설명됩니다.

근대는 인간이 해석한 세계 속에 인간을 가두어 놓았습니다. 예술가 이우환은 이러한 근대의 인간 중심적인 관념주의를 비판하면서 그 시각의 일방성을 반성해야 한다고 주장합니다. 절규하고 신음하며 고아와 같이 버려진 것 같은 우리 시대의 아픈 영혼을 위한 돌봄이 절실히 요구되는 시점입니다.

21세기 인공지능 시대에 우리 진짜 인간이 근본적으로 추구해야 할 것은 하나님이 모든 창조물 중에서 오직 인간에게만 주신 영(靈)을 회복해야 한다는 것입니다.

"하나님께서 축복의 통로로 세워주신 교회는
그 시대 백성들의 신음소리를 들어야 합니다."

- 이상갑, 설래임 -

몸과 마음을 치유하는 공간

chapter 05

하나님 사랑을 공간에 담다

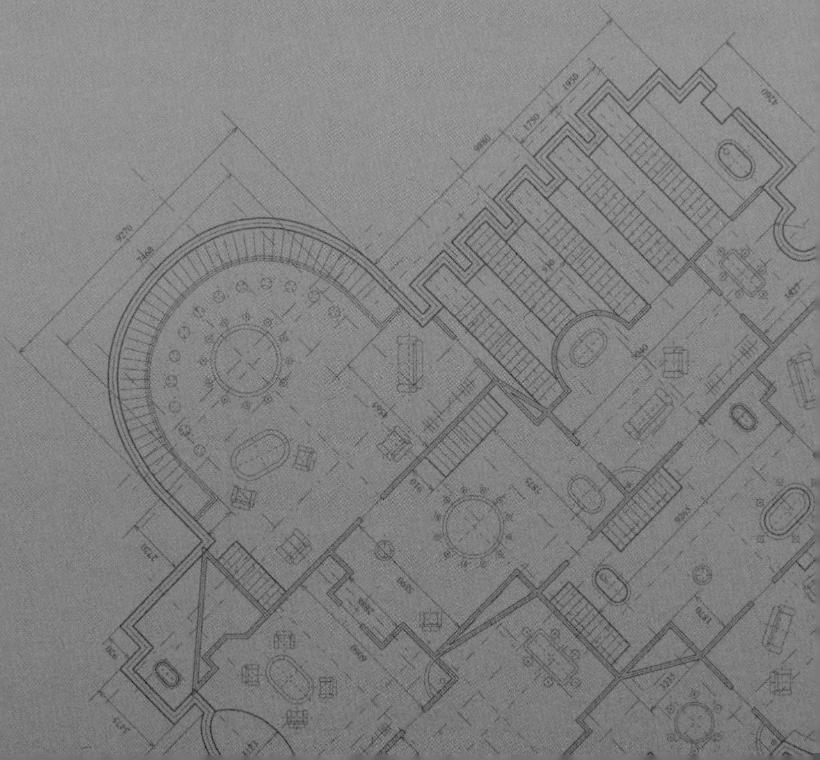

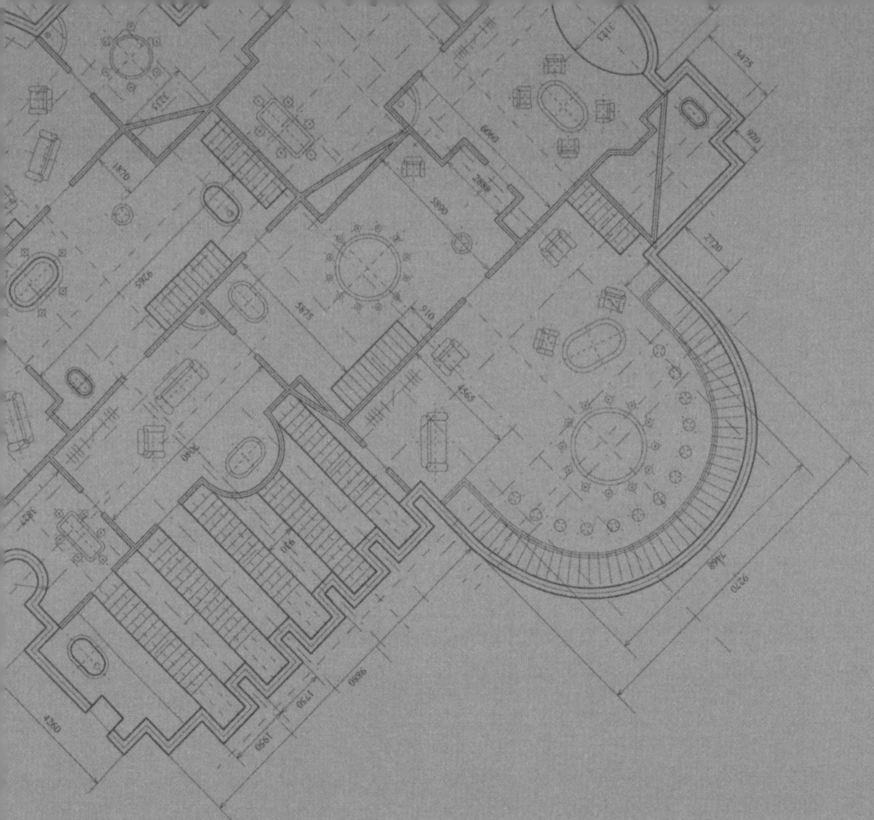

대부분의 사람들은 우리 시대를 4차 산업시대, New Normal 시대, AI 인공지능의 시대 등으로 부르지만, 저는 이 시대를 돌봄이 필요한, '영혼을 상실한 시대'라고 정의했습니다. 우리 시대는 치유가 절실히 필요한 영혼이 신음하는 시대입니다.

돌봄의 건축 역사 중에서 특히 영혼 치유에 깊은 관심을 갖은 시대가 있었습니다. 성경적 세계관에 입각한 중세는 인간 영혼을 치유하려는 목적으로 공간에 하나님 사랑을 담으려고 노력하였습니다. 중세 수도원의 cloister가 바로 인간 영혼을 치유하는 특별한 공간이었습니다.

중세의 cloister가 어떻게 만들어졌는지, 또 어떤 의미가 있는지에 대해 알기 위해서는 기본적으로 성경에 대한 이해가 필요합니다. 중세 사람들의 생각, 특히 중세 독일 수녀 힐데가르트(Hildegard von

Bingen)의 이론을 통해 어떻게 그들이 하나님 사랑을 공간에 담았는지에 대해 설명해 보겠습니다.

먼저 성경은 하나님을 사랑, 생명, 빛이라고 정의합니다.

"하나님은 사랑이시라"(요한일서 4장 8절).

"하나님은 빛이시라"(요한일서 1장 5절).

"그 안에 생명이 있으니 이 생명은 사람들의 빛이라"(요한복음 1장 4절).

그리고 성경은 또한 우주 만물에 하나님의 속성이 분명히 반영되어 있다고 말합니다.

"창세로부터 그의 보이지 아니하는 것들 곧 그의 영원하신 능력과 신성이 그가 만드신 만물에 분명히 보여 알려졌나니 그러므로 그들이 핑계하지 못할지니라"(로마서 1장 20절).

작품에 예술가의 개성이 담겨있듯이 하나님의 신성함이 창조된 우주 만물에 담겨있다는 것입니다. 그래서 중세에는 자연을 '하나님의 언어'라고 해서 신성시했던 시대였습니다. 자연은 지금 우리가 느끼는 것처럼 아름다운 감상의 대상도 과학적인 탐구의 대상도 아니었습니다. 하나님의 언어였으므로 식물, 동물, 그리고 돌 하나에도 하나님의 뜻이 숨겨져 있는 것이고 이 뜻을 해독하면 그것이 곧 상징이 되고 기호가 되었습니다(고정희, 신의 정원, 나의 천국).

예수님께서도 우리 눈에 보이는 자연을 비유로 하나님의 말씀을 가르치셨습니다. 하나님이 창조하신 자연 안에는 보이지 않는 하나님을 이해할 수 있는 계시가 내재되어 있어 하나님에 대해 설명할 수 있기 때문입니다.

하나님이 사랑이시라면 하나님이 창조하신 우주에는 하나님의 속성인 사랑이 담겨있어야 하지 않을까요? 그렇다면 이 우주에는 하나님의 사랑이 어떻게 담겨있을까요?

백성호는 유럽의 가톨릭 신부와의 인터뷰를 통해 세상을 새롭게 보는 방법을 소개합니다.

"소박하다는 것은 아무것도 없다는 것이 아니다. 꼭 필요한 것만 있는 거다. 소박함을 통해 우리는 전에 안 보이던 것을 보게 된다. 그게 뭐냐고 신부에게 물었더니...

창조의 아름다움, 창조의 신비라고 답했다.

한강 변의 억새를 봐라. 그냥 주어진다. 그걸 누리는 사람도 있고 누리지 못하는 사람도 있다. 우리가 소박해질 때 그것이 바로 눈에 들어온다"(백성호의 현문우답, 중앙일보 2014. 11. 1).

우리 주변에 하나님의 사랑이 가득 담겨있음에도 불구하고, 문제는 우리 마음이 소박하지 못해서 그것을 보지 못한다는 것입니다. 그래서 안셀름 그륀 신부는 세상이 얼마나 풍요로운지를 느끼는 사람은 행복하다고 합니다.

예를 들어 장애로 인해 보지 못하고 듣지도 못하는 시청각 장애인인 조영찬 씨는 "나무, 꽃, 빗방울을 만질 때 마음이 환하게 열린다"고 했습니다(김기택, 중앙일보 2012년 4월 5일).

"세상이 얼마나 풍요로운지 느끼는 사람은 행복하다.

그것은 일종의 선물이다. 감사하라.

지금 누리는 모든 것이 선물이다."

- 안셀름 그륀 -

생명이신 하나님

성경 창세기에 따르면 생명은 천지를 창조하신 하나님으로부터 시작되었음을 선포합니다. 중세 독일 수녀 힐데가르트는 '하나님은 바로 생명 그 자체'라고 정의했습니다. 이런 힐데가르트의 주장을 독일 신부 안셀름 그륀은 다음과 같이 설명합니다.

"하나님께서는 생명 그 자체이십니다. 그리고 자연의 힘을 통해 당신을 드러내십니다. 하나님은 완전한 생명이시며 모든 생명은 하나님으로부터 나옵니다. 하나님은 시작도, 끝도 없이 언제나 변함없는 영원한 생명입니다.

하나님은 생명 그 자체이시며 자연의 힘을 통해 당신의 존재를 드러냅니다. 생명이 바로 하나님의 존재를 드러내는 열쇠이고 특히 발아하는 초록 생명의 힘은 생명이신 하나님으로부터 비롯됩니다."

- 치유, 안셀름 그륀 -

힐데가르트에 따르면 자연의 가장 큰 본질은 바로 생명이며 이 생명은 오직 생명의 근원이신 하나님으로부터 만 나옵니다. 이러한 생명의 힘은 초록 식물을 통해서 드러나는데, 이 초록 식물이 갖는 생명력이 바로 사람을 치유하는 힘을 갖는다고 힐데가르트는 주장합니다. 푸른 식물에서 방류되는 에너지가 모든 생명의 근원이신 하나님을 표현한다는 것입니다.

그녀는 초록 식물의 힘을 'Virditas'라고 불렀는데 라틴어인 'Viriditas'는 녹색과 진리를 합성한 단어로 푸른 식물의 사람을 치유하는 힘을 의미합니다. 'Viriditas'를 영어로 번역하면 'greenness', 또는 'viridity'이며, 활력, 번식, 무성함, 초록빛 또는 성장을 의미합니다.

푸른 식물이 갖는 신비한 생명의 힘에 대해 배철현 교수는 다음과 같이 표현합니다.

"봄에 뿌린 씨가 발아해 줄기와 잎사귀를 내고 시절에 따라
열매 맺는 과정은 우리의 상상을 뛰어넘는 신비 그 자체다.
신은 생명을 창조하는 그 신비를 운행하는 자다.

생기라는 단어는 히브리어로 '루아흐'(ruah)다.
루아흐는 모든 동식물에 깃든 생명을 유지하게 하는 어떤 것이다.
루아흐는 씨앗을 발아시키는 힘이며 포유류의 x, y 염색체가 만나

하나의 생명체를 이루는 신비다.

그것은 불가능한 것을 가능하게 하는 우주의 법이다.

에스겔은 이제 신의 특성인 루아흐의 위대함을 발견한다.

그는 고개를 들어 자신이 바라보는 만물이 바로 보이지 않는

루아흐에 의해 작동한다는 사실을 깨닫는다."

- 배철현, 신의 위대한 질문 -

피터 언더우드 역시 생명이 싹을 틔우고 꽃을 피우고, 다시 씨를 뿌려 위대한 생명을 새롭게 다시 잉태하는 그 경이로운 자연의 과정에 대해 현대인들이 알아야 한다고 주장합니다.

앞에서 언급한 바와 같이 1984년 Ulrich는 나무가 보이는 병실 환자와 벽돌 벽이 보이는 병실 환자의 재원기간을 비교해 본 결과 나무가 보이는 병실에 입원한 환자의 재원기간이 하루가 짧다고 'Science'지에 발표했습니다. 연구결과 재원기간 뿐만 아니라, 환자의 합병증이 줄어들고 진통제도 덜 사용한 것으로 확인되었습니다. 환자가 병실에서 나무를 바라본다는 것만으로도, 고통이 감해지고 수술 후 부작용도 준다는 것입니다. 즉 푸른 식물이 환자의 회복에 직접적인 영향을 준다는 것입니다.

이는 약 1000년 전 중세의 수녀 힐데가르트가 주장한 내용과 맥락을 같이 합니다. 힐데가르트는 계시와 직관으로 푸른 식물이 갖는 치유의 힘을 깨달았지만, 오늘날에는 그 의미가 과학적으로 입증되고 있습니다.

푸른 생명 안에는 분명 돌봄이 담겨있습니다.

그렇다면 푸른 식물을 대표하는 나무는 인간에게 어떤 의미를 가질까요? 나무를 특별하게 경험한 사람들의 이야기를 소개해 보겠습니다.

"나무 한 그루에도 놀라운 정도로 많은 것을 느낄 수 있다.
나무는 우리에게 에너지를 준다. 숲을 오랫동안 걸을 때 우리는
종종 손끝을 삼나무와 소나무 잎끝에 대곤 한다.
그렇게 닿는 것만으로 에너지가 들어오는 것을 느낄 수 있다.
나무들은 늘 우리에게 에너지를 방출한다."

- 베어하트 외, 인생과 자연을 바라보는 인디언의 지혜 -

"푸른 나무를 보면, 누구나 그것이 아름답다고 생각한다.
나무가 평화의 느낌을 주기 때문이다."

- 후쿠오카 마사노부, 식물은 위대한 화학자, 스티븐 뷔흐너 저 -

"나무는 대자연이 낳고 기른 생명입니다. 나무나 사람이나 자연의
분신입니다. 말 없는 나무와 이야기를 나눠가며 나무를 생명 있는
건물로 바꿔 가는 것이 목수인 우리가 하는 일입니다."

- 니스오카 쓰네카즈, 나무에게서 배운다 중에서 -

"가끔 햇빛이 비취는 나무 아래 앉아 나무와 대화를 해보는 행위는
편안함을 느낄 수 있는 시간이 된다.
히포크라테스는 플라타너스 나무 아래서 환자들을 치료했으며,
부처는 보리수나무 아래서 큰 깨달음을 깨달았다.
나무 아래서 나무가 주는 나무 냄새와 푸름의 기운과
따스한 햇볕은 스트레스를 줄어들게 한다."

- 김하리, 시 치유 중에서 -

"우리는 자칫 잊어버리고 살지만, 식물은 농밀한 호흡을 하고 있다.
눈에 보이지 않는 대량의 산소를 토해내고 있는 것이다.
인도의 수행자들은 나무 주변에는 늘 신선하고 풍부한 산소가
대량으로 뿜어져 나온다는 사실을 잘 알고 있었다...
식물의 호흡, 신선한 산소의 작용이 사람들에게 깨달음을 향한
예지를 가져다주었으리라."

- 스시우라 고헤이, 형태의 탄생 중에서 -

"휴(休)는 '쉰다'는 뜻입니다. 한자를 풀어 보면

사람과 나무가 함께 있습니다. 나무 아래 앉거나 누워서 쉬는 것이죠.

식(息)은 '숨 쉰다'는 뜻입니다.

역시 한자를 풀어 보면 나의 마음입니다. 숨은 곧 나의 마음입니다.

그러니까 휴식은 숨을 쉬는 것이며 마음을 쉬는 것인데

나무 아래서 그렇게 합니다."

- 오원식, 아무것도 하지 않는 행복, 휴식 -

"살아있는 나무는 생기의 대표적인 기운이기 때문에

살기를 차단하는 데 매우 효과적이다."

- 조인철, 양생풍수의 비밀 -

나무는 생명을 나타내는 근원적 상징입니다.

땅속 깊이 뿌리 내리고 하늘을 향해 뻗은 나무는

천상과 지상을 연결해 줍니다.

- 안셀름 그륀, 위안이 된다는 것-

이들은 나무가 우리 인간에게 매우 특별한 존재들임을 말해 줍니다. 꽃과 열매뿐만 아니라 풍부한 산소와 피톤치드를 내뿜는 나무는 하나님(자연)이 인간에게 준 귀중한 선물입니다.

빛이신 하나님

성경은 또한 하나님은 빛이시라고 합니다. 성경에서 하나님을 표현하는 빛은 우리가 자연에서 볼 수 있는 빛만을 의미하지는 않습니다. 그래서 우리가 눈으로 보는 자연의 빛과 하나님의 존재적인 속성을 나타내는 빛은 근본적으로 다를 수 있습니다. 그러나 자연빛이 분명 하나님의 속성을 계시한다는 의미에서 빛은 특별한 의미를 갖습니다.

안셀름 그륀은 힐데가르트의 빛에 대한 생각을 다음과 같이 요약합니다.

"힐데가르트가 직관한 많은 사실의 중심에는 빛이 있습니다.
결국, 그 빛이 보여주는 힘의 근원이 사랑입니다.
빛의 중심에는 하나님의 사랑이 있습니다.

하나님께서는 빛으로 나타나십니다.
모든 피조물은 그분의 빛을 받고 활기를 얻습니다.
빛은 질병 치유 이상의 의미를 갖습니다"(안셀름 그륀).

1933년까지 알려진 바에 따르면 165가지가 넘는 질병에 대해 햇빛이 유익한 치료효과를 나타냈다고 합니다. 안드리아 모리츠는 햇빛이 인류의 질병 치유를 위한 선물이라고 주장합니다. 또한, 수술 후 환자가 햇볕을 많이 쬐면 회복이 빨라지고 많은 질병이 햇빛으로 치유될 수 있다고 합니다.

이에 따라 20세기 초의 건축가들은 병실의 환자들이 햇볕을 많이 쬘 수 있도록 병실 밖에 테라스를 설치하여 환자들이 침대와 함께 밖으로 나올 수 있도록 병원을 설계하였습니다.

힐데가르트는 생명을 자라게 하고, 피조물에 활기를 주는 빛에 바로 하나님 사랑이 담겨있다고 주장합니다.

하늘은 빛의 또 다른 모습입니다. 하늘은 태양 빛이 지구의 대기를 구성하는 질소, 산소 등과 같은 기체분자와 부딪히면서 파란빛을 띠는 것으로 알려져 있습니다. 인류는 하늘에 대해서 오래전부터 특별한 의미를 부여해 왔습니다.

쥔트겐은 하늘이 우리의 영혼을 들여다볼 수 있도록 한다고 합니다.

"티베트의 승려들은 하늘을 바라보는 명상요법을 즐긴다.
말로 형용할 수 없는 우주와의 관계를 맺는 느낌을 체험하기 위해
그들은 등을 땅에 대고 누우라고 권한다.

얼굴을 보기 위해 거울이 필요한 것과 마찬가지로

하늘은 우리의 영혼을 들여다볼 수 있도록 해준다."

- 옌스 죈트겐, 별빛부터 이슬까지 중에서 -

모든 피조물은 빛을 받고 활기를 얻습니다.
빛의 중심에는 하나님의 사랑이 있습니다(힐데가르트).

정신과 의사인 이시형도 깊은 산속에서 큰대자로 누워 가슴을 활짝 열고 하늘을 쳐다보는 자연 명상요법을 추천합니다.

"우주의 끝은 어디일까? 공상의 날개를 하늘로 끝없이 펼치면
내 몸의 기운이 온 우주로 퍼져 나가는 에너지 확대의 법칙을
경험할 수 있다. 온 산을 품은 넉넉함... 해방감을 만끽한다."

- 이시형, 세로토닌하라 -

"하늘의 빛보다 강렬한 빛의 향연은 없고 그것은 가장 깊은 곳을
가장 빛나게 하고 천상의 목소리를 전해 준다.
하늘의 소리에는 향수를 느끼게 하는 무언가가 있다."

- 김기석, 집은 디자인이 아니다 -

빛의 또 다른 모습인 하늘에 특별함이 내재해 있다는 이야기입니다.

영혼을 치유하는 공간, Cloister

중세 수도원에는 보통 회랑 또는 'cloister'라고 불리는 건물로 둘러싸인 중정이 있습니다. cloister는 보통 교회당과 수도원 사이에 위치한 정방형의 공간으로 정원과 회랑으로 구성됩니다.

고정희는 이 정원이 명상의 장소이면서 동시에 치유가 바로 본질이었다고 주장합니다(고정희, 신의 정원, 나의 천국). 생명 에너지로 가득 찬 이 정원은 일종의 신성한 장소이며, 정원의 중심에 위치한 우물과 거기서 흘러나오는 물의 흐름은 에덴동산을 상징했습니다.

헨더슨(Henderson) 역시 중세의 cloister는 아픈 환자의 회복을 위한 의료용 정원을 목적으로 만들어졌다고 주장합니다. 특히 프랑스 북쪽 해변에 위치한 몽셸 미셸 수도원의 클로이스터는 대표적인 중세의 치료 정원으로 '아픈 영혼을 치유하는 고요한 공간'이라고 불리었습니다. 평온한 cloister의 분위기는 영혼의 상처를 회복시켜 주고, 환자를 균형적인 삶으로 되돌아올 수 있도록 도와줍니다(John Henderson, The Renaissance Hospital).

실제로 몽셸미셜 수도원에는 클로이스터에 대해 다음과 같은 설명이 쓰여 있습니다. '이 클로스터는 수도자들의 기도와 명상을 위한 공간이며, 인간과 하늘을 연결해 주는 장소입니다. 클로이스터의 푸른 정원은 천국(original paradise)을 연상하게 합니다.'

신학자 유재경 교수는 몽셸 미셸의 cloister를 다음과 같이 묘사

했습니다.

"하늘을 바라보지 않고는 몽셀 미셸을 만날 수 없다.
몽셀 미셸은 땅을 향하고 있는 사람들의 머리를 들어
하늘을 바라보게 하고 하늘에 자기 영혼의 고향을 생각하게 한다.
몽셀 미셸에는 '무한을 붙잡고자 하는 인간의 간절함'이
살아 숨 쉬고 있다."

몽셸 미셸 수도원의 cloister

몽셸 미셸 수도원의 cloister는 대표적인 중세의 치료 정원으로 '아픈 영혼을 치유하는 고요한 공간'으로 불리었습니다. cloister는 바로 하늘과 빛, 푸른 식물을 통해 하나님의 사랑을 공간에 담은 영혼 치유공간, 즉 돌봄의 공간이었습니다. (사진 김제원)

성경은 하나님께서 사람들에게 영원을 사모하는 마음을 주었다고 합니다(전도서 3장 11절). 인간이 하늘을 바라보게 하는 cloister는 인간 영혼이 고향을 찾는 근원적인 갈망에 대응하는 공간으로 이를 통해 자신이 창조된 존재라는 것을 확인하는 성찰의 공간이라고 볼 수 있습니다. 이런 사색적인 공간이 바로 인간이 영적인 존재라는 것을 인식하게 해준다는 의미에서 cloister는 인간의 영혼을 불러내는 공간이 됩니다.

그리스어로 인간을 의미하는 'Anthropos'의 원어 의미는 '위를 바라보는 존재'입니다. 동물과 다르게 두 발로 걷는 인간은 위(하늘)를 바라볼 수 있다는 것입니다. 물론 위를 바라본다는 것의 의미는 '고개를 든다'는 신체적인 뜻도 있겠지만 '이상을 갖는 존재', '꿈을 갖는 존재', '희망을 갖는 존재', '하나님(신)을 의식하는 존재' 등으로 다양하게 해석할 여지가 있습니다. 인간은 희망을 잃어버릴 때 늙는다고 합니다. 그러나 말 그대로 인간을 위(하늘)를 바라보는 존재로 해석한다면 건축물을 통해서 하늘(위)을 보게 하는 것이 '인간을 인간답게 하는 것'이 아닐까요?

cloister는 영혼 치유를 목적으로 생명력으로 가득 찬 푸른 식물과 하늘, 중앙의 우물, 아담하게 둘러싸인 회랑으로 만들어진 공간으로, 동양적 관점에서 보면 응축된 생명 에너지를 품은 흐름의 장(場)입니다.

우리에게 잘 알려진 화가 빈센트 반 고흐 역시 정원에서 그의 질병이 치유되었다고 고백합니다. 고흐의 그림을 보면 당시 cloister와 유사한 형태의 정원을 볼 수 있습니다.

"고흐는 가족에게 보내는 편지에서 '정원에서 오랜만에 작업을 즐

겁게 하며 정원에 만개한 꽃들과 그 안에서의 작업이 건강에 매우 도움이 되고 이를 통해서 심신의 안정을 찾을 수 있었다'고 언급합니다"(탁영란, 정원의 회복탄성력, 의료시설의 치유정원).

김난영은 심지어 이 cloister를 낙원으로까지 묘사합니다.

"안뜰과 안뜰을 둘러싼 회랑은 수도원의 분위기가 응축되어 있는 곳이다. 이곳에 들어서면 갑자기 속세가 멀어진 듯한 느낌을 받는다. 이 회랑의 안쪽 면을 건물들이 둘러싸고 있기 때문에 밖의 소음이 차단될 뿐만 아니라 사면을 둘러싼 회랑이 시야를 경계 짓는다. 정신집중을 하기에 좋은 공간이다. 그 안에의 꽃과 과일나무, 약초 등은 지상의 낙원을 상징하고자 했는데, 침묵과 명상의 일상에서 그런 것들이 얼마나 생생하게 경험되었을까 싶다. 그러면서 이런 지상의 것들은 궁극적인 천상의 낙원을 항상 생각나게 했을 것이다"(김난영, 로마네스크 성당, 치유의 순례).

결론적으로 cloister는 바로 하늘과 빛, 초록 생명을 통해 하나님의 사랑을 공간에 담은 중세의 영혼 치유 공간, 즉 돌봄의 공간이었습니다.

그런데 이런 나무와 하늘을, 우리 전통 한옥이 인간에게 중재해 준다는 것이 참 흥미롭습니다. 이것이 우연만은 아니라고 저는 생각합니다. 즉 한옥은 하늘이 보이는 공간, 수평으로 열린 공간을 통해 인

cloister 형태의 아를 요양원

빈센트 반 고흐 역시 정원에서 그의 질병이 치유되었다고 고백합니다.
고흐가 그린 아를 요양원에는 cloister 형태의 정원이 있습니다.

간에게 하늘과 나무를 연결해 줍니다. 한옥이 우주의 신비인 하나님의 사랑을 인간에게 전달하는 역할을 하고 있다고 저는 생각합니다.

이와 같은 이유에서 저는 건축물을 설계할 때 하늘이 보이는 공간과 수평으로 주변의 나무가 보이는 공간을 매우 중요시합니다. 어쩌면 소박하기 조차한 하늘과 나무는 하나님께서 인간에게 주신 귀중한 사랑의 선물이기 때문입니다. 이렇게 우주와 자연에는 하나님의 사랑과 돌봄이 담겨있습니다.

하나님 사랑을 공간에 담다

샘터마을을 운영하는 선호재 목사는 부족한 치매시설을 증축하면서 '어떻게 건물을 지으면 노인들을 기쁘시게 할 수 있을까?'에 대해 깊이 고민하고 기도했다고 합니다. 그에게 건물을 짓는 가장 중요한 이유는 바로 '노인들을 기쁘시게 하는 집'을 만드는 것이었습니다.

부끄러운 일이지만 우리 건축가들은 종종 건축물의 존재 목적, 존재 이유에 대한 이런 근본적인 질문 없이 건물을 설계합니다. 이는 제가 1장에서 다룬 존재와 형태에 해당되는 질문입니다. 즉 건축물의 존재 이유를 그는 '노인을 기쁘시게 하는 집'으로 정의한 것입니다. 그의 질문은 이웃을 내 몸과 같이 사랑하라는 말씀에 의거한 참 거룩한 질문이라고 생각합니다. 어쩌면 우리는 기능적으로 편안한 건물을 먼저 생각할 수도 있습니다. 그러나 기능보다 더 중요한 것은 이 건물이 근본적으로 왜 존재해야 하는지, 그 실체에 관해 묻는 것입니다. 그리고 스티브 잡스는 이런 본질적인 고민을 디자인의 핵심적 영혼이라고 표현하였습니다.

선호재 목사는 어느 날 치매노인들과 공원으로 나들이를 하러 가서 노인들이 꽃이 피어 있는 정원에서 무척 행복해하는 것을 우연히 보고 여기서 영감을 얻어 치매시설 내부를 마치 작은 공원과 같이 설계하였습니다.

노인들을 위해 사랑을 직접 실천한 것입니다.

선호재 목사는 "하늘과 식물(원예)에는 치매노인을 치유하는 힘이 담겨있다"고 주장합니다. 그는 자신의 경험을 통해 하늘이 보이는 실내 공간과 식물(원예)이 노인을 치유하는 약과 같은 역할을 한다고 확신합니다. 치매환자들이 이런 공간에서 회복되는 것을 직접 경험하였기 때문입니다.

그는 실내 천장을 과감하게 유리로 만들어 하늘이 보이도록 하였고, 내부에는 허브 식물을 심어 마치 정원과 같은 집을 지었습니다. 이러한 환경 덕분에 환자들에게 처방되는 약의 복용량을 줄일 수 있었다고 선호재 목사는 주장합니다. 환경의 치유 효과를 보여주는 좋은 사례입니다. 저는 샘터마을 공간에 하나님 사랑이 담겨있다고 생각합니다. 그리고 이 방의 이름은 거실이 아니라 '기쁨의 방'이라고 생각합니다.

하늘과 푸른 식물에 치유하시는 하나님의 보이지 않는 사랑과 돌봄이 담겨있음을 보여주는 국내 사례입니다. 하늘을 바라볼 수 있도록 창조된 우리 인간이 하늘이 보이는 공간에서 치유된다는 것이 흥미롭지 않은가요?

샘터마을 실내 정원 - 기쁨의 방

저는 이런 공간이 바로 오늘날의 명당이라고 생각합니다. 풍수지리학자인 최창조는 과거의 명당은 안온하면서도 기운이 서린 곳으로 전통풍수가 찾던 땅의 전형(명당)이었다면, 이제는 명당을 찾던 시대는 지나갔고 명당은 오히려 만들어야 할 대상이라고 주장합니다(도시풍수, 도시, 집, 사람을 위한 명당 이야기).

명당이란 특별한 것이 아니라 "심리적으로 평온한 곳이 바로 명당이다"이라고 그는 말합니다. 건축가의 역할이 바로 이런 명당, 즉 인간이 감성적으로 좋아하는 평온한 공간을 만들어주는 일이 아닐까요?

치매 환자들의 특징은 이성적인 판단은 하지 못하고 감성적으로 민감한 반응을 보이는 데 있습니다. 그들은 특히 환경에 대해 매우 민감하여 꽃이나 나무, 하늘, 빗소리와 같이 자연환경에는 긍정적인 반응을 보이지만 좋지 않은 환경에서는 소리를 지르거나 우울증 증세 등 부정적인 반응을 보여줍니다.

그들은 우리와 같은 감성을 갖은 사람들입니다. 따라서 치매 환자들이 평온해 하는 환경이 바로 인간의 감성이 근본적으로 좋아하는 환경이 아닐까요? 저는 이것이 바로 명당이고 치유환경이라고 생각합니다. 그런데 여기서 샘터마을의 공간은 자연 빛과 하늘, 그리고 초록 생명으로 통합된 흐름의 장을 구성한다는 데 주목할 필요가 있습니다. 건축의 출발은 존재론적인 질문, '노인을 기쁘시게 하는 건축'으로 시작하여, 좋은 에너지를 갖는 하늘, 빛, 식물을 통해서 만들어진 흐름의 장을 제안한 것입니다.

최영미는 치매 환자들의 행태 조사를 통하여 환자들이 선호하는 공간과 부정적인 반응을 보여주는 공간에 대해 연구하였습니다(다(多) 감각자극을 고려한 치매시설의 치유환경 조성에 관한 건축계획적 연구, 한양대학교 대학원 박사학위논문 참조).

치매 환자들은 건강한 사람들과 같은 감성을 갖고 있으면서 환경에 매우 민감하여 환경에 대한 감정을 직접적이고 솔직하게 표현한다는 점에 착안하여 인간이 근본적으로 어떤 공간을 좋아하는지, 또

중정형

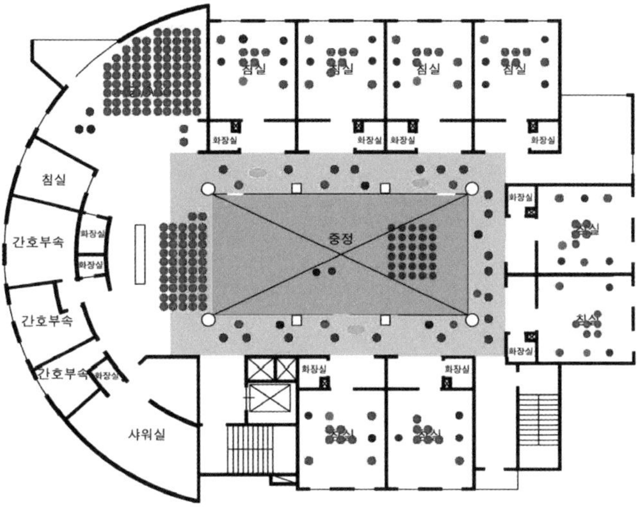

Moving Type (활동형)

중앙홀형

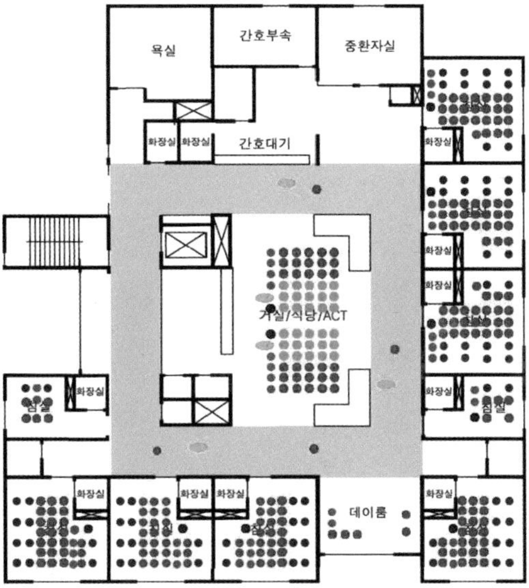

Staying Type (체류형)

병동 형태에 따른 환자 행태 비교
(최영미 연구)

자연채광, 자연조망 등 자연과의 접촉 기회가 많을수록 환자들은 긍정적으로 반응하며 활동 범위도 넓어집니다. 또한, 정원과 인접한 공용공간의 이용률이 높아지고, 타 환자와 사회적인 교류도 더 유발되는 것으로 조사되었습니다 (점은 환자의 체류 장소를 누적하여 표기한 것임).

어떤 공간을 싫어하는지를 관찰하는 연구였습니다. 최영미는 환자의 행태와 공간 특성 간의 관계를 파악하기 위하여 직접 치매 시설에 자원봉사자로 체류하면서, 프로그램이 없는 자유 시간대에 환자들이 어느 공간을 선호하는지를 조사하였습니다.

연구결과 앞의 도면과 같이 건물 중앙에 중정이 있어 밝은 복도에서는 환자들이 병실에 머물지 않고 주로 복도나 데이룸에 체류하는 반면, 중정이 없는 복도의 경우 환자들은 주로 병실 내에 체류하는 것을 알 수 있었습니다.

자연 채광으로 복도가 밝을수록 환자들은 병실에 체류하지 않고 복도와 데이룸을 이용합니다. 이는 자연 채광이 환자의 행태에 큰 영향을 준다는 것을 의미합니다.

복도 유형에 따라 갓복도형(복도 한편이 외부로 열린 평면)과 중복도형(복도 양쪽에 실이 있는 평면)의 차이를 비교해 보면 갓복도형에서는 노인들이 복도에 많이 나와 활동하고 있는 반면 중복도형에서는 복도에 체류하는 노인들이 거의 없었습니다. 노인들은 자연 빛으로 밝고, 외부 자연을 조망할 수 있는 갓복도를 더욱 선호합니다.

치매 환자들이 가장 좋아하는 평면 형태는 내부 거실과 직접 연결된 정원이 있는 건물입니다. 복도에서 직접 정원으로 나갈 수도 있고 정원의 나무를 창문을 통해 볼 수 있는 건물에서 환자들이 행태가 가장 긍정적으로 나타났습니다.

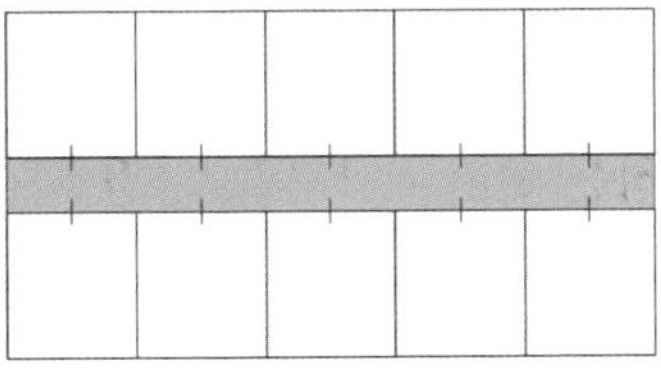

중복도

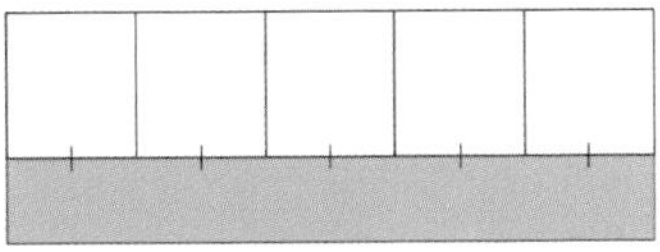

갓복도

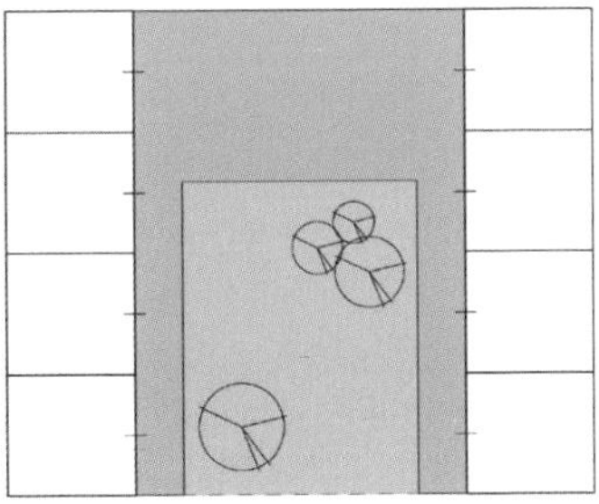

갓복도 + 정원

복도형태

노인들은 자연 빛으로 밝고, 외부 자연을 조망할 수 있는 갓복도를 더욱 선호합니다. 치매 환자들이 가장 좋아하는 평면 형태는 내부 거실과 직접 연결된 정원이 있는 건물입니다.

치매시설의 환자 행태를 다양한 평면 유형에 따라 조사해 보면 실내공간에 자연과 관련된 감각자극이 많을수록 환자의 행동은 긍정적으로 나타납니다.

결론적으로 자연과의 접촉 기회가 많을수록, 예를 들어 자연 채광,

자연 조망, 나무 등, 긍정적인 반응이 더 많이 관찰되었으며 환자들의 활동 범위도 넓어집니다. 또한, 정원과 인접한 공용공간의 이용률이 높아지고, 타 환자와 사회적인 교류도 더 유발되는 것으로 분석되었습니다. 치매 노인은 이성적인 능력이 떨어지고 감성적으로 반응하는 환자들이지만, 한편으로는 우리 인간의 감각이 어떻게 환경에 반응하는지를 명확하게 보여 줍니다.

이웃 사랑을 공간에 담다

언론에 가끔 소개되는 묻지마식의 끔찍한 범죄 사건에는 공통된 특징이 있습니다.

"23일 오전 관악구 신림동의 한 고시원, 전날 여의도에서
칼부림 사건을 저지른 김 모 씨가 범행 전까지 살던 곳이다.
건물 반지하에서 좁은 복도를 지나자 구석에 있는 김 씨의 방이
보였다. 2평 남짓한 크기의 방은 창문이 없어 전등 없인
아무것도 볼 수 없었다."

- 중앙일보 기사 중에서 -

"살인범 박 모 씨가 잠시 기거했던 집도 마찬가지다.
교동의 반지하 원룸인 이 집은 박 모 씨가 선금 20만 원을 내고
월세로 임시계약했던 곳이다."

- 조선닷컴 기사 중에서 -

"서울의 한 고시원에서 세상을 향한 빗나간 분노가 일어났다.
30대 한 남자가 자신의 방에 불을 지르고 무차별적으로 흉기를
휘둘러 여섯 사람이 숨졌다. 이는 기존 고시원 창업자에게 적잖은
영향을 미칠 것으로 예상된다.

김 씨의 방에는 인터넷 회선조차 들어와 있지 않았으며
김 씨를 찾는 이는 하루 종일 아무도 없었다. 김 씨는 하루 종일
홀로 집안에서 먹고 자고를 반복하며 생활해 왔다."

- 창업경영신문 전환솔 기자 -

순간적 범죄자들은 보통 오랜 시간 동안 외롭게 혼자 살고, 고시원이나 쪽방과 같이 창문이 없는 좁은 방, 또는 햇빛이 거의 들지 않는 어두운 반지하, 짐이 질서 없이 쌓여 있는 좁은 복도가 있는 집에 산다는 공통된 특징이 있습니다. 이웃과 격리되고 좁은 지하 공간에서 채광도 없이 혼자 사는 사람이 어느 날 갑자기 범죄인이 되는 것을 과연 우연으로만 보아야 할까요?

고시원에서의 삶을 다룬 책 '자기만의 방'(정인우 지음)에 대해 이은주 기자는 다음과 같이 소개합니다.

"고시원에서 가장 중요한 옵션은 창문이 있는 방이다... 고시원 사람들은 서로 마주치지만, 인사를 나누지 않는다. '보지도, 보이지도, 마주치지도, 말을 섞지도 말아야 한다'는 것이 고시원의 예절이다. 공동의 주거는 사회적인 연대감을 형성할 수도 있지만, 고시원에서 같이 산다는 것은 존재들의 익명성뿐이다. 뿐만 아니다. 고시원에 살았던 사람들은 그 기간을 자신의 삶에서 '통째로 들어내고 싶은'

과거로 기억한다. 때문에 고시원 살이란 '나는 이곳에 살지만 사는 것이 아니다'라는 역설로 축약된다."

기자는 고시원 환경이 거주자에게 '극단적인 스트레스를 주는 공간'이라고 잘라 말합니다.

우리 건축가들이 열심히 고민하는 이유는 '더 좋은 세상'을 만들어주기 위함입니다. 더 좋은 세상을 만들어주는 것이야말로 건축가가 인류에 기여하는 길이라고 저는 생각합니다.

인간에게 극단적인 스트레스를 주는 공간, 그래서 인간 감정을 폭발하게 만들거나 우울하게 만드는 공간을 쉽게 '나쁜 집'이라고 불러 보겠습니다. 입주자에게 극단적인 행동을 유발하는 햇볕이 안 들어오는 좁고 어두운 방, 이웃과 단절된 집, 많은 사람이 극단적으로 밀집해 사는 공간... 등이 나쁜 집의 대표적인 특징입니다. 쉽고 단순한 이야기입니다. 그리고 이런 공간들은 2장에서 언급한 외부와의 흐름이 단절된 대표적인 자폐공간입니다.

동물들을 보면 종마다 군집하는 방식에 다양한 특징이 있습니다. 호랑이는 보통 군집을 이루지 않는 반면, 사자는 수사자를 중심으로 여러 마리의 암사자로 구성된 군집을 이룹니다. 코끼리는 몇 세대가 함께 큰 군집을 이루고 나이 많은 암컷이 리더의 역할을 한다고 알려져 있습니다.

이렇게 동물들은 종에 따라 존재하는 방식이 서로 다른 군집 방식을 갖습니다. 만약에 동물 중 한 마리를 군집에서 떼어 내어 다른 형태의 군집 환경에 놓는다면 그 동물이 과연 건강할 수 있을까요? 동물의 군집형태는 생존에 유리한 방식으로 형성된다는 것을 우리는 알고 있습니다. 예를 들어 펭귄이 군집하는 이유는 군집을 통해 차가운 남극의 바람을 이겨내고 열을 서로 보존하기 위한 것으로 알려져 있습니다.

우리 인간에게도 특정한 군집 방식이 있을까요? 인간이 도시를 만드는 이유는 다양하겠지만 인간의 군집 본능 또한 중요한 이유가 되지 않을까요? 그리고 인간의 군집 본능은 자연발생적인 도시 구조에 어떻게든 반영되어 있다고 저는 생각합니다. 예를 들어 서양의 광장은 서양인의 군집 욕구를 표현한 것이고, 우리나라의 과거 골목길은 한국인의 군집 욕구를 표현한다는 생각입니다. 골목길은 이동을 위한 단순한 통로이기 전에 사회 구조를 담는 역할을 합니다. 낯익은 대문 앞 골목길은 아이들의 놀이터이자 공부방이 됩니다(최건수). 골목길은 우리 한국인의 군집본능을 자연스럽게 보여주는 사례라고 볼 수 있습니다.

안도 다다오는 하나의 집합주택 안에 하나의 거리, 혹은 공동체가 자라는데 충분한 생활요소가 담겨있어야 하고 집합주택이란 단순히 대량공급의 경제적 이점만이 아니라 모여 살지 않으면 얻지 못하는 풍요가 분명히 제시되어야 한다고 주장합니다. 농밀하고 따스한 골목, 집합주택만이 가질 수 있는 공용공간을 얼마나 의미 있는 곳으로 만들 수 있을까요? 좋은 삶에는 일상에서 함께 아껴 쓰고, 나누어 쓰며 친밀해지는 공용의 장소가 있어야 합니다(박노해).

독일의 루돌프 스타이너는 인지 의학적인 관점(anthroposophical medicine)에서 사회적으로 소통할 수 있는 공간에서 치유가 가능하다고 주장하였습니다. 그는 사회적인 치유환경의 중요성을 주장하며 같이 모여 산다는 커뮤니티 의식이 인간의 사회적 치유에 중요한 역할을 한다는 것입니다(Susanne Siepl-Coates, The Architecture of Hospitals). 이를 다르게 표현하면 만남을 부르는 건축 공간이 사회적 치유에 도움을 준다는 것입니다.

공간이란 '사람이 함께 있는 것'에 의미를 주는 형태를 가져야 하고, 사람이 서로 만났을 때 대화가 생기고, 적어도 미소가 생기도록 공간을 만들어주지 않는다면, 그것을 건축이라 부르고 싶지 않다는 주장도 있습니다(코야마 히사오).

건축이란 만남을 부르는 구조, 또는 이웃과 함께 하는 풍요가 있는 곳이어야 하고 이것이 없을 경우 이는 건축의 가장 본질적인 것이 빠져 있다는 것입니다. 만남을 부르는 공간은 거주자에게 사회적 치유를 제공합니다.

손지혜는 병원에 입원한 환자들이 타인과의 사회적 접촉 및 군집을 통하여 치유되는 사회적 치유환경 개념을 병동부 설계에 반영해야 한다고 주장합니다(사회적 치유환경 조성을 위한 병동부 공용공간의 건축계획 연구, 한양대 박사학위논문 참조). 그녀는 효과적인 사회적 치유환경으로서 데이룸, 프로그램실 및 발코니 계획에 대해 제안했는데 예를 들면, 병동부 내의 소규모 휴게공간은 사회적 접촉 유발에 불리함으로 지양할 것을 주장했습니다.

또한, 병동부 복도는 편복도로 계획하는 것이 사회적 접촉 향상에 바람직하며 이를 위하여 병동부 내에 중정을 배치할 경우 복도 구조와 중정이 연계된 형태가 집사회적인 공간계획으로 효과가 있다고 주장하였습니다. 복도형태와 중정의 유무에 따라 환자들의 사회적인 접촉 빈도와 행태가 달라진다는 연구사례입니다.

이는 비단 병원뿐만 아니라 건축가가 어떻게 집, 학교, 도시를 설계하는가에 따라 사회적 접촉의 유형과 빈도가 달라집니다. 옆집에 누가 사는지 모르는 것을 넘어서 이웃이 죽어도 모르고 몇 달 후에야 발견하는 초 고립 시대에 사회적 치유를 위한 건축설계는 이제 건축가들이 외면해서는 안 될 필수조건이라고 생각합니다.

이중복도형

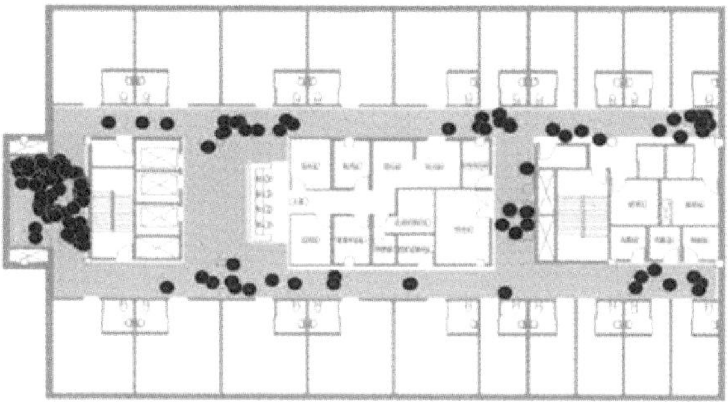

근로복지공단 인천병원

중복도형

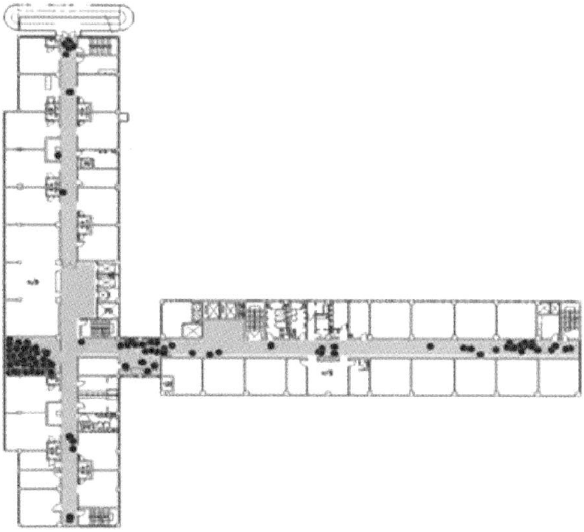

근로복지공단 인천병원

이중복도중정형

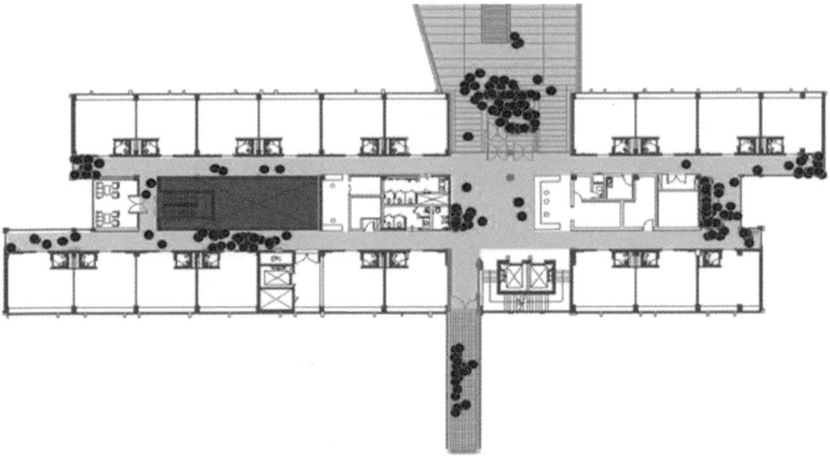

근로복지공단 안산병원

중정 + 홀형

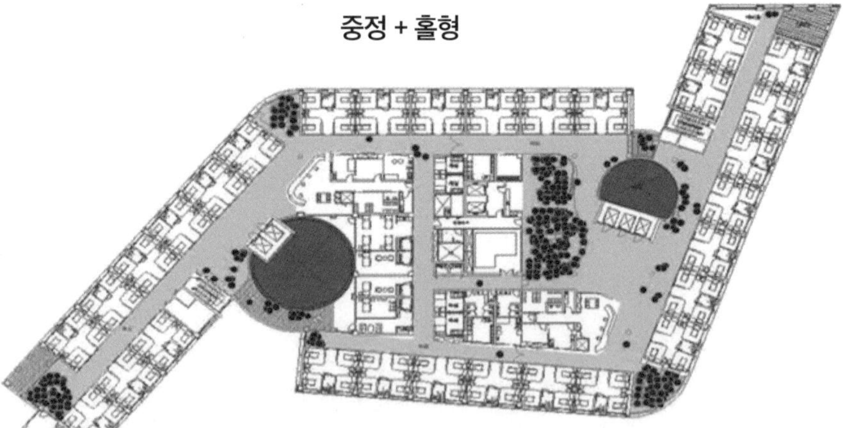

근로복지공단 대구병원

병원 복도 유형에 따른 사회적 접촉 행태 비교 (손지혜연구)

건축가가 어떻게 집, 학교, 도시를 설계하는가에 따라 사회적 접촉의 유형과 빈도가 달라집니다. 옆집에 누가 사는지 모르는 것을 넘어서 이웃이 죽어도 모르고 몇 달 후에야 발견하는 초 고립 시대에 사회적 치유를 위한 건축설계는 이제 건축가들이 외면해서는 안 될 필수조건이라고 생각합니다(점은 환자의 체류 장소를 누적하여 표기한 것임)

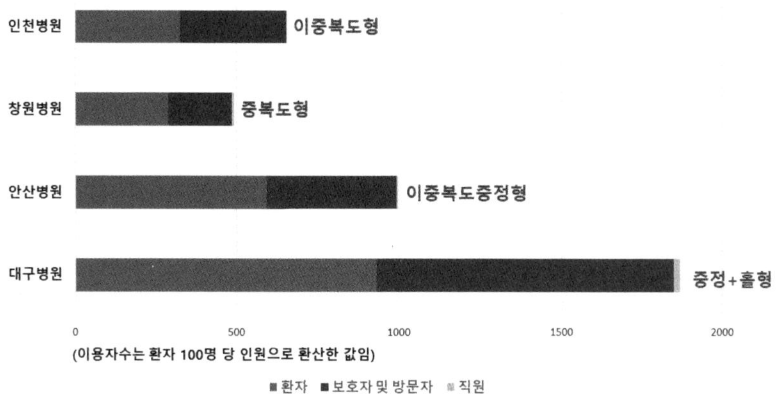

병원 복도 유형에 따른 사회적 접촉 빈도 비교

병동부 복도는 편복도로 계획하는 것이 사회적 접촉 향상에 바람직하며 이를 위하여 병동부 내에 중정을 배치할 경우 복도 구조와 중정이 연계된 형태가 집사회적인 공간계획으로 효과가 있다고 손지혜는 주장합니다. 복도형태와 중정의 유무에 따라 환자들의 사회적인 접촉 빈도와 행태가 크게 달라집니다.

달라이 라마는 새천년의 가장 절박한 인류문제가 공동체 의식의 결여라고 진단합니다. 그리고 이런 공동체 의식의 결여가 지난 반세기 동안 서구세계에서 우울증 발병률이 급증한 이유 중의 하나라고 그는 주장합니다. 공동체적인 삶 대신 개인의 자유라는 소중함을 얻은 현대인은 그 대가로 고립감, 의미상실, 불안감이나 절망이라는 질병을 얻게 되었습니다.

여기 우리는 '오늘날 우리가 살고 있는 현대식 아파트에 군집을 위한 공간이 배려되어 있는가'를 깊이 반성해 볼 필요가 있습니다. 도면에 기입되어 있는 현혹적인 단어들은 실제 거주자의 삶과 동떨어진 개념적인 표현에 불과한 경우가 많습니다. 예를 들어 만남의 광장, 맞이 공간, 만남의 뜰... 이런 단어들은 군집을 유발하기보다는 의미 없는 메아리에 불과한 언어의 포장이 아닌지요?

분명, 과거 우리 골목길에는 이웃과 함께 사는 풍요가 있었습니다. 공동체적인 삶이 골목길에서 자연스럽게 표출되었습니다. 그러나 오늘날 아파트에는 군집공간은 존재하지 않고 관념적인 개념들만 존재할 뿐입니다. 함께 사는 풍요가 사라져 버렸습니다. 이렇게 서로 친밀해지는 공동체적인 공간이 사라지는 것만큼 도시의 척박함이 우리 일상에 스며듭니다.

우리가 살고 있는 아파트의 평면 유형에는 크게 복도식과 계단식이 있습니다. 이 두 유형에 직접 살아 본 사람은 평면형에 따라 이웃과의 관계 정도가 다르다는 것을 쉽게 경험할 수 있습니다. 복도식 아파트는 비록 프라이버시에 다소 문제가 있지만, 프라이버시를 잃은 만큼 이웃집과 공유하는 부분이 상대적으로 많아집니다. 복도에 나와 있는 화분이나 일부 개인적인 물품들은 집주인의 성격과 취미를 알 수 있는 정보를 제공해 줍니다. 복도를 따라가다 보면 이웃을 만날 기회도 많아지고, 복도에서 자전거 타는 아이, 음식 냄새 등도 함께 경험합니다.

계단실 아파트에서는 이웃과 공유하는 것이 고작 엘리베이터 안이나 계단실에서 잠시 스치는 순간밖에 없습니다. 공동체 의식이 생기기에는 너무 짧고, 대충 서로 인사하는 정도입니다. 개인적으로는 어쩌면 좀 불편하지만, 복도식에서 살던 때가 이웃에 대한 기억이 더 남아있고 소소한 재미도 있었던 것 같습니다. 이웃과 공유할 수 있는 부분이 많아질수록 삶이 좀 더 풍성해진다는 느낌입니다. 최근에는 복도식이면서 복층으로 아파트를 설계하여 프라이버시를 해치지 않으면서 이웃과의 만남을 가능하게 하는 평면들이 시도되고 있습니다.

이제 노인 인구가 점점 늘어가고 혼자 사는 가구도 증가추세에 있습니다. 이웃 나라 일본에서는 혼자 사는 노인이 고독사하는 뉴스가 종종 우리에게 들려오고 있습니다. 사람을 죄는 공간이 이제 남의 문제가 아니라 바로 우리 현실의 문제가 되고 있습니다. 동네 바자회가 좋은 것은 가난한 이웃을 돕는다는 데도 있지만, 지역에 community 의식을 만들어주기 때문입니다.

도시라고 함은 어쩌면 그 사회가 만들어 낸 사회적인 군집을 드러내어 표현하는 곳이 아닌지요? 군집은 그 도시의 연대감을 보여줍니다. 좋은 도시는 구성원의 연대감을 더 농밀하게 보여줍니다. 해외여행을 간다는 것은 자연과 건축물을 보는 것뿐 아니라 오히려 사람들이 군집하여 '사는 방식'의 낯섦과 이로 인한 이색적인 기색(氣色)을 체험하기 위함이 아닐까요?

건축 공간도 마찬가지입니다. 저는 건물을 설계할 때는 만남을 부르는 건축에 대해서 고민합니다. 물론 이 만남은 자연과의 만남도 있겠지만 사람이 사람을 쬐고 함께 사는 풍요를 느끼게 하는 공간에 대한 고민입니다. 저는 건축을 통해 구성원 간의 유대를 강화시킬 수 있다고 확신합니다. 그리고 이런 공간이 이웃 사랑을 담은 공간이라고 생각합니다.

맺 음 말

선한 사마리아인은 길거리에 버려진 강도 만난 자를 그냥 지나치지 않았습니다. 그는 관심을 가지고 버려진 자를 정성껏 돌보아 주었습니다. 어느 목사님은 버려진 치매 할머니들을 결코 그냥 지나치지 않았습니다. 그들을 기쁘시게 하는 집을 짓기 위해서 고민하고 기도했습니다. 그리고 소박하지만, 창의적으로 하나님 사랑을 담은 집을 지었습니다. 하늘, 빛과 푸른 생명이라는 자연의 좋은 에너지를 공간에 담아 흐름의 장을 만든 것입니다. 하나님이 창조하신 자연에는 사랑과 돌봄이 가득 담겨있음에도 아쉽게도 우리는 이를 쉽게 깨닫지 못합니다.

최근 이웃과 소외되어 혼자 사는 사람들의 수가 점점 늘어나고 있습니다. 단순히 독거노인뿐만 아니라 전 성인 연령 계층에 걸쳐 혼자 사는 사람이 많아졌습니다. 오랜 시간 동안 외롭게 혼자 살면서 이웃과의 접촉을 잃어버린 사람들의 정신적인 문제는 이미 사회적으로 크게 부각되고 있습니다. 고립된 그들이 바로 외면당하고 신음하는 우리의 이웃이고, 선한 사마리아인을 필요로 하는 곳이 아닐까요?

이들을 위하여 사회적 치유환경, 군집공간을 만들어 만남을 부르는 공간구조를 만들어주는 것이 바로 이웃 사랑이라고 저는 생각합니다. 심지어 교회에도 이웃을 위한 사회적 치유공간보다는 자동차를 위한 주차공간으로 가득 차 있는 것이 현실입니다. 교회가 먼저 땅의 일부를 이웃과 만남을 부르는 공간으로 사회에 돌려 드리는 것은 어떤지 조심스럽게 제안해 봅니다.

만남을 부른다는 것은 영어의 take place, 즉 사건이 일어나는 것을 의미합니다. 뭔가 사람과 사람 사이에 사건을 만드는 공간, 그래서 공간에 대한 기억이나 추억이 하나씩 쌓여가는 건축... 이런 의미가 담긴 공간을 우리 건축가들은 공간(space)이 아니라 장소(place)라고 부릅니다. 2장에서 언급한 바와 같이 장(場)은 상황을 태동시키는 힘을 갖습니다. 이렇게 기억들이 소소히 쌓여가면서 건축은 삶의 일부가 되어 갑니다. 구성원 서로가 삶의 기억을 공유하는 장소가 바로 공동체 의식(sense of community)을 만들어주는 돌봄의 건축입니다.

21세기는 영혼이 탄식하는 시대입니다. 영혼이 아프고 지친 사회입니다. 돌봄의 건축, 영혼을 치유하는 건축이 절실히 필요한 시대이기도 합니다. 저는 하나님 사랑을 공간에 담는 것과 이웃 사랑을 공간에 담는 것이 가능하다고 생각하여 이 책을 집필하게 되었습니다. 또한, 어떤 전공이든 어떤 직업이든 이것이 가능할 것으로 생각합니다. 성경에 "무슨 일을 하든지 마음을 다하여 주께 하듯 하고 사람에게 하듯 하지 말라"(골로새서 3장 23절)는 말씀은 이미 하나님 사랑, 이

공동체 의식을 만들어주는 건축

사회적 치유환경, 군집공간을 만들어 만남을 부르는 공간구조를 만들어주는 것이 바로 이웃 사랑이라고 생각합니다. 구성원 서로가 삶의 기억을 공유하는 장소가 바로 공동체 의식을 만들어주는 돌봄의 건축입니다.
(한양대 약학대학 제공)

웃 사랑이 기본적으로 전제되기 때문입니다.

비록 얇고 작은 책이지만 자신의 전공과 직업을 통해 이웃을 섬기고자 하는 분들에게 작으나마 영감을 줄 수 있기를 소망하며 글을 마칩니다.

초판 2쇄 _ 2023년 12월 22일
지 은 이 _ 양내원
펴 낸 이 _ 김현태
디 자 인 _ 디자이너 장창호
펴 낸 곳 _ 따스한 이야기
등 록 _ No. 305-2011-000035
전 화 _ 070-8699-8765
팩 스 _ 02- 6020-8765
이 메 일 _ jhyuntae512@hanmail.net

따스한 이야기 페이스북, 인스타그램
https://www.facebook.com/touchingstorypublisher
https://www.instagram.com/touchingstory512

따스한 이야기는 출판을 원하는 분들의 좋은 원고를
기다리고 있습니다.

가격 15,000원